Paula Weinbach



# Montessori Kindererziehung

Kinder und Babys voller Achtsamkeit und Selbstständigkeit erziehen und individuelle Stärken und Schwächen unterstützen. Der Praxis Erziehungsratgeber für Eltern.

Originale Erstausgabe November 2020
verlegt durch KR Publishing.



1. Auflage

Bibliografische Information der Deutschen Nationalbibliothek

Die Deutsche Nationalbibliothek verzeichnet diese Publikation in der Deutschen Nationalbibliografie, detaillierte bibliografische Daten sind im Internet unter https://portal.dnb.de abrufbar.

Druck/ Auslieferung: Amazon oder Tochtergesellschaft
Independently published

ISBN:
978-3-948593-59-9 [ebook]
978-3-948593-60-5 [Taschenbuch]

# Inhalt

# Vorwort

Wie schafft man es als Eltern, eine glückliche Kindheit voller Selbstständigkeit, Achtsamkeit und Kreativität herbeizuführen?

Eine kinderfreundliche und individuell auf das jeweilige Kind abgestimmte Erziehung ist der Schlüssel für eine glückliche Kindheit und für entspannte und zufriedene Eltern. Erfahre in diesem Buch, wie dir Montessori als Erziehungsform dabei hilft.

Jedes Kind ist einzigartig und hat individuelle Bedürfnisse – mit der Montessori Methode setzt du für dich und dein Kind einen Rahmen, in dem sich dein Kind in seinem Tempo entfalten und entwickeln kann, ohne dass ihr euch gegenseitig stresst. Vergiss komplizierte Methoden, Ratschläge und teures Spielzeug, das nach kurzer Zeit doch wieder ungenutzt in der Ecke landet. Lege deinen Fokus lieber auf eine optimale Umgebung und auf eine auf das Wesentliche reduzierte Erziehungsmethode.

Dieses Buch zeigt dir, wie du dein Kind ohne ständige Kontrolle und ohne ständiges Schimpfen zu einem neugierigen, selbstbewussten und achtsamen Kind erziehst. Anstatt unmerklich zu „Helikoptereltern“ zu werden, bietest du deinem Kind den Freiraum und die Umgebung, um sich optimal mit all seinen Ecken und Kanten zu entfalten.

Entdecke mit diesem Buch die „geheime“ Montessori Methode, mit der du dein Kind bestmöglich auf seine Zukunft vorbereitest – schließlich wird dein Kind nur ein Mal groß! :)

Ich wünsche dir viel Erfolg mit diesem Buch

Deine Paula Weinbach

# Unser Geschenk an dich!

Vielen Dank für den Kauf von diesem Buch und deinem damit verbundenen Vertrauen in uns als Herausgeber und in Paula Weinbach als Autorin dieses großartigen Buchs. Das bedeutet uns wirklich viel, weshalb wir dir den Ratgeber „Habit Hacks - 10 unscheinbare Schlüssel Gewohnheiten, die dein Leben verändern," als Download schenken - vollkommen gratis! Zudem möchten wir dir die Möglichkeit eines direkten Austauschs mit der Autorin anbieten. So kannst du z.B. deine Fragen, dein Feedback oder deine Anregungen Paula zukommen lassen - eine tolle Möglichkeit für die Kommunikation zwischen Leser und Autorin!

**Diese kleinen und unscheinbaren Schlüssel Gewohnheiten verändern dein Leben - erfahre:**

- ✓ wie eine kleine Veränderung beim Duschen deine Disziplin stärkt und dir einen Energiekick verschafft...
- ✓ wie eine Prise Salz dir einen Kickstart am Morgen verschaffen kann...
- ✓ wie eine kleine Einstellung an deinem Smartphone & Computer deinen Schlaf verbessert...
- ✓ noch weitere geniale und unscheinbare Habit Hacks!

Wenn du bereit bist, dein Leben mit einigen simplen Habit Hacks auf das nächste Level zu bringen, dann schaue am Ende nach deinem persönlichen Zugang.

# Kapitel 1: Einführung in die Montessoripädagogik

Herzlich Willkommen im ersten Kapitel dieses spannenden Buches. Wir beginnen, indem wir uns erst einmal mit „Montessori" und dem, was dahinter steckt, befassen. In diesem Kapitel erfährst du mitunter, was Montessori überhaupt ist, welche Grundprinzipien die Methode auszeichnen und für wen die Thematik von besonders großem Interesse ist. So findest du einen sanften, logischen Einstieg in dieses umfangreiche Thema und gewinnst grundlegendes Wissen, auf das in den weiteren Kapiteln aufgebaut werden kann.

## Was ist „Montessori"?

Der Begriff Montessori bezeichnet eine Bildungspädagogik, die auf Maria Montessori (siehe Kapitel 3) zurückgeht. Hinter der alternativen Pädagogik steckt eine ganze Philosophie mit klar definierten Grundzügen, denen wir uns noch im Detail widmen werden. Die Montessori-Bildungspädagogik, deren Wurzeln zurück ins 19. Jahrhundert reichen, hat einen weiten Weg hinter sich und ist heute weltweit verbreitet. Insbesondere in den USA und in Deutschland findet sich eine große Anzahl an Schulen und Kindertagesstätten, die sich am Montessori-Konzept orientieren und ihre Arbeit nach Maria Montessori ausrichten.

## Kurze Definition der Pädagogik

Wenn wir uns intensiv mit einer pädagogischen Ausrichtung befassen möchten, müssen wir uns vorab kurz Zeit nehmen, um den Begriff der Pädagogik zu klären. Die Pädagogik ist die Wissenschaft der Bildung und der Erziehung, die sowohl mit theoretischen als auch mit praktischen Ansätzen arbeiten kann und sich in der Hauptsache auf Kinder und Jugendliche bezieht. Für unsere Zwecke ist diese – zugegebenermaßen recht oberflächliche – Definition vollkommen ausreichend, weshalb wir hier nicht weiter in die Tiefe gehen.

## Die 15 Grundprinzipien der Philosophie nach Montessori

Nachdem du eine grobe Ahnung davon gewinnen konntest, was Montessori eigentlich ist, tauchen wir direkt in die Materie ein. Denn wie jede Bildungspädagogik, definiert sich Montessori hauptsächlich aus den Prinzipien, Annahmen, Richtlinien und Ansätzen, die diese stützen. Die Montessori Philosophie gründet sich auf diesen fünfzehn Grundprinzipien:

### Die freie Wahl der Arbeit

*„Echte Hingabe an eine Sache ist nur mit Freiheit möglich."*

**– Maria Montessori**

Der Lehrer befiehlt seiner Klasse bestehend aus 20 Schülern, einen Regenbogen zu malen. Was passiert? Fünf legen eifrig los, fünf sind absolut desinteressiert und führen die Aufgabe widerwillig aus, zwei tauschen unter dem Tisch Kaubonbons, drei müssen seltsamerweise gerade jetzt zur Toilette, einer zeichnet einen Roboter und vier weitere Schüler sitzen minutenlang vor dem leeren Blatt Papier und tun so, als wüssten sie nicht, was ein Regenbogen ist. Das liegt nicht daran, dass nur fünf der zwanzig Schüler grundlegend intelligent, motiviert oder lernbereit sind. Es liegt vielmehr daran, dass fünfzehn Schüler gerade keinen Regenbogen malen wollen. Montessori sieht vor, dass Kinder sich selbst aussuchen dürfen, womit genau sie sich gerade beschäftigen wollen. Keiner muss einen Regenbogen malen, wenn er das nicht möchte. Es ist in Ordnung, stattdessen einen Roboter zu zeichnen, sich eine Pause zu nehmen, einen Tanz einzustudieren oder den Klassen-Hamster in seinem Käfig zu beobachten. Dahinter steht der Gedanke, dass ein Interesse an der Arbeit nur dann geweckt werden kann, wenn das Kind eine freie Wahl hat. So wird Kindern ermöglicht, ihre persönlichen Interessen zu erforschen und zu verfolgen sowie Dinge in ihrem eigenen Tempo zu lernen.

## Die vorbereitete Umgebung

Eine Umgebung, in der ein Kind seinen Interessen nachgehen und lernen kann, muss Angebote beinhalten, darf aber nicht von solchen überschwemmt sein. Jedes Übungsmaterial und jedes Beschäftigungsinstrument braucht seinen festen Platz und muss mit Bedacht ausgewählt werden. Nur wenn eine solche Umgebung vorhanden ist, in der das Kind die Übungsmaterialien zielsicher finden kann und kein Überangebot besteht, fällt es dem Kind leicht, sich für eine Aufgabe zu entscheiden und diese ohne Ablenkungen durchzuführen. Die vorbereitete Umgebung wird uns in Kapitel 9 weiter beschäftigen.

## Der absorbierende Geist und die Vorbildfunktion

> *„Alle unsere Irrtümer übertragen wir auf unsere Kinder, in denen sie untilgbare Spuren hinterlassen.“*
>
> **- Maria Montessori**

Laut Montessori funktioniert der Geist eines Kindes bis zum sechsten Lebensjahr wie ein Schwamm. Kinder dieser Altersstufe saugen alles, was sie sehen oder hören, in sich auf, ohne dabei zu differenzieren, also beispielsweise ohne Wichtiges von Unwichtigem zu trennen. Sie sind somit prädestiniert dafür, Verhaltensweisen, die sie zum Beispiel bei einem Erzieher oder einem Elternteil beobachten, nachzuahmen. Im konkreten Einzelfall bedeutet das beispielsweise, dass ein Kind, das mitbekommt, wie der Vater die Mutter eine „blöde Kuh“ nennt, diese Beleidigung bei der nächsten Gelegenheit aussprechen wird. Ein weiteres Beispiel: Dem Kind wird gesagt, dass es vorsichtig mit dem Messer umgehen soll. Dann sieht es, wie die Erzieherin ein Stück Gurke direkt von der Messerspitze isst. Es gerät in einen inneren Konflikt, aus dem in aller Regel die Neugier und der Wunsch nach Anpassung als Sieger hervorgehen wird. Sprich: Das Kind wird demnächst auch vom Messer essen und höchstwahrscheinlich dafür gerügt werden, obwohl es lediglich das Verhalten seiner Erzieherin imitiert hat. Dieses Grundprinzip des absorbierenden Geistes soll Eltern, Lehrern und Erziehern verdeutlichen, welch starke Vorbildfunktion sie haben, selbst wenn sie das vielleicht gar nicht beabsichtigen.

## Das individuelle Lernen

Jedes Kind ist ein Individuum mit unterschiedlichen Kapazitäten, einem bestimmten Lerntempo, eigenen Interessen und persönlichen Zielen. Die Montessoripädagogik misst dem individuellen Lernen eine hohe Priorität bei. Jedes Kind soll die Möglichkeit erhalten, seine Ziele durch den Einsatz seiner Kapazitäten in seinem Tempo zu erreichen.

## Das Lernen mit allen Sinnen

Es ist allgemein bekannt, dass nicht nur Kinder, sondern auch Erwachsene leichter lernen, wenn dabei mehrere Sinne angesprochen werden. Wenn wir einen Inhalt nur lesen oder hören, fällt uns das Lernen schwerer, als wenn wir denselben Inhalt sehen, greifen und hören können. Die Montessori Materialien, auf die wir später in diesem Absatz noch zu sprechen kommen, erfüllen zum größten Teil das Kriterium des Einbezugs mehrerer Sinne und stellen das krasse Gegenteil zum klassischen Frontalunterricht dar.

## Die angepasste Anleitung

> *„Hilf mir, es selbst zu tun. Zeig mir, wie es geht. Tu es nicht für mich. Ich kann und will es allein tun. Hab Geduld, meine Wege zu begreifen. Sie sind vielleicht länger, vielleicht brauche ich mehr Zeit, weil ich mehrere Versuche machen will. Mute mir Fehler zu, denn aus ihnen kann ich lernen."*
>
> **– Maria Montessori**

Dies ist eines der bekanntesten Zitate von Maria Montessori und zeigt ziemlich genau auf, was mit der angepassten Anleitung gemeint ist. Wir Erwachsene sollten Kindern demnach nichts vorwegnehmen, nur weil es dann schneller geht oder wir denken, das Kind könnte die Aufgabe womöglich selbst nicht meistern. Natürlich, das fordert unsererseits Geduld und Zeit. Doch es zahlt sich aus! Kinder dürfen sich auf diese Weise selbst ausprobieren, können aus Versuch und Irrtum lernen und die jeweilige Aufgabe dann nicht nur ausführen, sondern vor allem auch verstehen. Nach Montessori begibt sich der Erzieher in die Position des Beobachters und greift erst dann ein, wenn das Kind keine weiteren Strategien parat hat und ohne einen Anreiz von außen nicht weiterkommt. Dem Kind wird auf diese Weise erlaubt, Lösungswege zu testen, auf die wir Erwachsenen möglicherweise nicht einmal im Traum kommen würden, und Fehler zu machen. Der Lernprozess ist im Endeffekt viel effektiver, wenn mögliche Fehler nicht sofort korrigiert oder die Lösung sogar gänzlich vorweggenommen wird. Den Kindern wird auf diese Weise gestattet, sich von einem Fehler zu einer neuen Lösungsstrategie inspirieren zu lassen.

## Die Selbsttätigkeit

Was eigenhändig erarbeitet wird, wird besser verstanden. Aus diesem Grund wird nach Montessori die Selbsttätigkeit des Kindes in der sogenannten freien Arbeit gefördert. Aufgaben und Inhalte werden weitestgehend selbstständig bearbeitet, ohne dass der Erzieher oder Lehrer eine genaue Anleitung dazu liefert. So können Kinder sich Wissen aktiv aneignen, anstatt es frontal – und somit passiv – gelehrt zu bekommen. Nach Möglichkeit sollten die Kinder auch die Überprüfung ihrer Ergebnisse selbst durchführen. So lernen sie, sich realistisch selbst einzuschätzen und unabhängig vom erwachsenen Lehrer oder Erzieher voranzukommen.

## Das intrinsisch motivierte Lernen

Intrinsisch motiviert zu lernen bedeutet, aus eigenem Bestreben heraus zu lernen. Nicht, weil der Lehrer es befiehlt, der Erzieher es vorschreibt oder die Mutter es sich wünscht. Durch die freie Wahl der Arbeit und das individuelle Lernen entwickelt das Kind den inneren Willen zu lernen. Denn Lernen ist zwar nach wie vor mit eigener Anstrengung verbunden, doch es führt erfahrungsgemäß zum Erfolgserlebnis, das wiederum das Selbstvertrauen des Kindes stärkt. Entsprechend optimistisch, selbstsicher und vor allem intrinsisch motiviert wird sich ein Kind Herausforderungen suchen, die zu seinen derzeitigen Kompetenzen und Zielen passen.

## Das kooperative Lernen

Das wichtige Prinzip des kooperativen Lernens sieht die gemeinsame Arbeit mehrere Schüler an einer Aufgabe oder einem Material vor. Die Schüler sprechen leise miteinander, tauschen sich aus und diskutieren. So profitieren sie vom Wissen der anderen und können ihr eigenes Wissen sinnvoll einbringen. Sie lernen, Rücksicht auf andere zu nehmen, andere Meinungen gelten zu lassen, für die eigene Meinung einzustehen und dabei einen respektvollen und entsprechend zielführenden Umgang zu pflegen. Die Ergebnisse der Gruppenarbeit werden der Klasse vorgestellt, die dann wiederum ihre Ansichten dazu äußern kann. Die Kinder üben sich in der Selbstständigkeit, lernen Teamwork kennen und gewöhnen sich an, rücksichtsvoll zu agieren.

## Lob statt Kritik

Natürlich lässt sich Kritik nicht immer vollständig vermeiden. Laut Montessori sollte sie aber auf ein Minimum reduziert werden. Denn: Kritik macht Kinder schüchterner, kleinlauter, kratzt an ihrem Selbstbewusstsein und hat negativen Einfluss auf ihre Selbstständigkeit. Am Lob soll dagegen nicht gespart werden, um das Kind zu einem selbstbewussten, eigenständigen, motivierten und neugierigen Wesen zu erziehen.

## Die Akzeptanz der kindlichen Meinung

„Du bist ja noch ein Kind, also hör auf das, was Papa sagt", „Wenn ein Erwachsener dir etwas sagt, dann musst du darauf hören" oder „Du bist noch so klein, das kannst du nicht wissen" – solche Sätze sind nach Montessori tabu. Jedes Kind, egal wie alt es nun ist, hat ein Recht auf eine Meinung und ein Recht darauf, dass diese Meinung respektiert und nicht etwa belächelt oder unter den Teppich gekehrt wird. Vielmehr sollte die kindliche Meinung gefördert und unterstützt werden. Schließlich sind Kinder keine willenlosen Hüllen, die wir Erwachsenen nach unserem Belieben formen und füllen können, sondern eigenständige Persönlichkeiten.

## Die Übungen des praktischen Lebens

Die Selbstständigkeit der Kinder sollte altersgerecht aufgebaut und erweitert werden. Kinder sollen also zum Beispiel dazu ermutigt werden, sich selbst anzuziehen, sich Saft einzugießen, den Tisch zu decken, sich ein Brot zu schmieren, um Hilfe zu bitten oder das Telefon abzunehmen. So erlernen sie wichtige Fähigkeiten des alltäglichen, praktischen Lebens.

## Die Materialien nach Montessori

In Montessori Einrichtungen werden überwiegend Montessori Materialien verwendet. Diese sind so gestaltet, dass das Kind in hohem Umfang allein damit arbeiten und seine Fehler selbst erkennen und korrigieren kann. Somit ist keine Korrektur – also eigentlich Kritik – eines Erwachsenen nötig. Diese Materialien, auf die wir in Kapitel 8 einen genaueren Blick werfen, überzeugen durch einen Aufbau, der es dem Kind erlaubt, die geforderte Aufgabe intuitiv zu verstehen und im Alleingang meistern zu können. Dadurch werden die Selbsttätigkeit und das intrinsisch motivierte Lernen gleichermaßen gefördert wie das individuelle und gegebenenfalls das kooperative Lernen.

## Das Aufgabenverständnis der Lernbegleiter

*"Der größte Erfolg eines Lehrers ist es, sagen zu können, dass seine Schüler arbeiten, als wäre er nicht da."*

**– Maria Montessori**

Die Lernbegleiter, also Eltern, Lehrer und Erzieher, werden als vertrauensvolle Helfer verstanden, die jedes Kind als Individuum wahrnehmen und respektieren. Sie haben eine wertschätzende Haltung inne und sind unter anderem dafür zuständig, den Umgang mit den Materialien zu erklären, sodass ein selbstständiges Weiterarbeiten möglich ist. Regeln werden nicht von ihnen alleine aufgestellt, sondern in Absprache und unter Einbezug der Kinder. Weitere Informationen zu den Aufgaben der Lernbegleiter findest du in Kapitel 9.

## Die kosmische Erziehung

Kosmische Erziehung – das klingt aufs Erste stark nach Esoterik. Tatsächlich steht die Bezeichnung aber für einen Erziehungs- und Lehrstil, dessen Fokus auf dem Erkennen von Wechselwirkungen – zum Beispiel zwischen Mensch und Natur oder zwischen Handeln und Konsequenzen – liegt. Mit der kosmischen Erziehung setzten wir uns in Kapitel 5 genauer auseinander.

## Die Ziele von Montessori

Die Montessori-Bildungspädagogik verfolgt klare Ziele, zu denen die zuvor genannten Grundsätze beitragen sollen. Diese Ziele sind gemeint:

### Individuelle Entfaltung

Jedes Kind soll sich frei und im Einklang mit seiner Individualität entfalten können. Kinder sollen sich ausprobieren, ihre persönlichen Interessen finden und ihre Fähigkeiten in ihrem eigenen Tempo und gemäß ihrer individuellen Kapazitäten stärken.

### Selbstständigkeit und Selbsttätigkeit

> *"Eine unnötige Hilfe ist nur eine Hürde für die Entwicklung."*
>
> **– Maria Montessori**

Die Montessoripädagogik zielt auf Selbstständigkeit ab. Nur wenn Kinder selbst Lösungen finden, Fehler machen und verschiedene Vorgehensweisen austesten können, lernen sie, in ihre eigenen Fähigkeiten zu vertrauen und Dinge selbst zu tun, anstatt ständig auf Hilfe angewiesen zu sein und sich hinter den Fähigkeiten anderer zu verstecken.

### Selbstbewusstsein und Verantwortungsbewusstsein

Die Selbstständigkeit und die Möglichkeit, sich individuell zu entfalten und zu entwickeln, fördern im Zusammenspiel das Selbstbewusstsein. Gleichzeitig lernen Kinder so, Verantwortung zu übernehmen und zu tragen, was sie im Idealfall zu verantwortungsvollen und eigenständigen Heranwachsenden macht.

**Friedvolles Miteinander**

Montessori ist eine Pädagogik des Friedens. Kinder erfahren schon früh, dass nicht nur sie, sondern auch all ihre Mitmenschen individuell sind. Dadurch, dass sie selbst so wie sie sind angenommen werden, lernen sie automatisch, auch andere anzunehmen und ein hohes Maß an Toleranz und Rücksicht zu entwickeln.

## Für wen ist die Montessori-Bildungspädagogik interessant?

Die Frage danach, wer von einem tiefergehenden Wissen über die Montessoripädagogik profitieren kann, lässt sich nicht pauschal beantworten. Generell kann die Philosophie sowohl für Eltern als auch für Erzieher und Lehrer von Interesse sein. Nun gibt es aber sicherlich Lehrpersonal, das absolut nichts davon hören möchte oder sich sogar in einem Anstellungsverhältnis befindet, das jede Auseinandersetzung mit der Thematik mehr oder weniger sinnlos macht. Denn nicht überall wird die Montessori-Lehre geschätzt. Da du dieses Buch in den Händen hältst, gehörst du vermutlich zu den Menschen, die offen für alternative pädagogische Ansätze sind, und kannst dich daher zu 100 % zur Zielgruppe der Montessoripädagogik zählen. Das bedeutet nicht, dass du die Erkenntnisse aus diesem Buch unbedingt 1:1 mit deinem Kind, deiner Kindergartengruppe oder deiner Klasse umsetzen musst. Du kannst dir aber sicher sein, dass du zahlreiche Inspirationen und Ideen gewinnen wirst, die dich weiterbringen, dir neue Horizonte eröffnen und dir und deinen Schützlingen von großem Nutzen sein können.

## Das Wichtigste in Kürze

- ✓ Montessori ist eine Bildungspädagogik nach Maria Montessori.
- ✓ Es gibt zahlreiche Grundsätze, auf denen die Montessoripädagogik basiert, darunter die freie Wahl der Arbeit, das individuelle Lernen, das intrinsische Lernen und die Selbsttätigkeit.
- ✓ Montessori zielt auf ein friedvolles Miteinander, Selbstbewusstsein, Selbstständigkeit und die individuelle Entfaltung jedes einzelnen Kindes ab.
- ✓ Die Pädagogik ist interessant für alle, die sich für alternative Ansätze interessieren und offen für Anschauungen, Methoden und Inspirationen sind, die von der pädagogischen Norm der Regelschulen abweichen.

# Kapitel 2: Entstehung und Entwicklung der Montessoripädagogik

Montessori ist kein neuer Trend, sondern eine Bildungspädagogik, die sich ihren Platz auf der Welt über viele Jahre und Jahrzehnte hinweg erkämpft hat. In diesem Kapitel wenden wir uns der geschichtlichen Entwicklung von Montessori zu: Wir starten mit der Entstehung, betrachten die weitere Entwicklung und landen schließlich in der Zukunft, um einen Ausblick auf die weitere Verbreitung und Wirkung der Montessori Einrichtungen zu geben.

## *Die Schöpferin: Maria Montessori*

Alles begann mit den Visionen einer mutigen, klugen Frau namens Maria Montessori, deren Leben und Wirken das nächste Kapitel gewidmet ist. Die italienische Ärztin arbeitete Ende des 19. Jahrhunderts in einer psychiatrischen Klinik und war dort mit der Betreuung und Beurteilung geistig behinderter Kinder betraut. Ihr gelang es, diesen Kindern die Förderung zuteilwerden zu lassen, die sie brauchten, ihre Neugier zu wecken und sie zum Lernen anzuregen. Das Ergebnis: Durch Montessoris Therapie stellte sich heraus, dass einige dieser Kinder tatsächlich nicht geistig eingeschränkt waren, sondern bislang lediglich gar nicht oder aber falsch gefördert wurden. Maria Montessori widmete einen großen Teil ihrer Lebenszeit der Beobachtung und Erforschung kindlichen (Lern-)Verhaltens und baute so nach und nach ihre Philosophie der Bildungspädagogik – heute bekannt unter dem Namen Montessoripädagogik – auf und aus. Die erste Gelegenheit, ihre Erkenntnisse in vollem Umfang in der Praxis anzuwenden, ergab sich, als sie 1907 die Leitung des von ihr eröffneten Kinderhauses „Casa di bambini“ in San Lorenzo, einem Armenviertel in Rom, übernahm. Es handelte sich um eine verantwortungsvolle Tätigkeit im ersten Kinderhaus der Region, die sich hauptsächlich auf die Betreuung von mehr oder weniger verwahrlosten und vernachlässigten Kindern aus der Unterschicht konzentrierte. In ihrer leitenden Position konnte Montessori ihre Prinzipien und erdachten Vorgehensweisen in die Tat umsetzen – und dieses Vorhaben war von Erfolg gekrönt: Dank Montessoris Bildungsweg erlernten die Kinder in rasanter Geschwindigkeit verschiedene Fähigkeiten, darunter das Lesen, Schreiben und Rechnen.

## *1919: Die Anfänge der Montessori-Bewegung in Deutschland*

Montessoris Erfolge wurden populär und inspirierten ähnlich gesinnte Pädagogen auf der ganzen Welt. Die erste deutsche Einrichtung, die sich offiziell nach den Montessori-Lehren richtete, öffnete im Jahre 1919 in Jena als Kinderhaus ihre Türen. Es folgten die „erste deutsche Montessorischule", die 1923 die ehemalige Grundschule von Wenigenjena ablöste, das zweite deutsche Montessori-Kinderhaus, das 1924 eröffnet wurde, und die 1928 gegründete Montessori-Versuchsschule in Berlin-Dahlem. 1925 wurde die Deutsche Montessori-Gesellschaft (DMG) unter der Leitung von Clara Grunwald in Berlin gegründet, die 1929 durch die Association Montessori International ergänzt wurde. Nur wenige Jahre später, genauer gesagt 1933, mussten die Bildungseinrichtungen aufgrund eines Verbotes, das von der nationalsozialistischen Regierung ausgesprochen wurde, schließen. Ein großer Teil der bis zu diesem Zeitpunkt gesammelten Lehrmaterialien konnte durch eine Übergabe an die Friedrich-Schiller-Universität in Jena bewahrt werden. Das Deutsche Ehepaar Bulova, bestehend aus Ernst und Ilse Bulova, das maßgeblich an der Verbreitung der Montessoripädagogik in Deutschland beteiligt war, emigrierte 1933 nach Großbritannien und gelangte 1940 in die USA. Dort waren die Bulovas an der Führung eines Camps für Kinder beteiligt und brachten immer wieder Ansätze und Methoden der Montessoripädagogik ein. 1952 gelang eine Neugründung der DMG, die zwei Jahre später einen Ausbildungskurs in Frankfurt initiierte. Im Jahr 2000 wurde schließlich die Organisation Montessori Europe gegründet, die europäischen Verfechtern der Methode zum Austausch und zur Zusammenarbeit verhilft. Seit 2006 existiert das Montessori Qualitätssiegel, das als Evaluationskonzept für Kinderhäuser fungiert und in Deutschland und Österreich Anwendung findet.

## *Verbreitung des Montessori Prinzips in Österreich*

In Bezug auf die Eröffnung von Montessori Bildungseinrichtungen war Österreich Deutschland gut zwei Jahre voraus: 1917 nahm in Wien das erste österreichische Montessori-Kinderhaus Gestalt an, gefolgt vom 1922 eröffneten „Haus der Kinder“. Die erste österreichische Montessori-Schule entstand 1924 und regte viele weitere städtische Einrichtungen dazu an, die Montessori-Methode auszuprobieren. Maria Montessori machte sich mehrfach ein eigenes Bild von den Institutionen, die in Österreich nach ihrer Lehre arbeiteten, bis die Nationalsozialisten dem Ganzen 1938 ein vorläufiges Ende bereiteten. 1945 wurde in Innsbruck der Wiederaufbau gestartet, der durch den internationalen Innsbrucker Montessori-Ausbildungskurs im Jahre 1951 einen kräftigen Aufschwung erlebte. Ein Anlass, zu dem direkt die Montessori-Gesellschaft Österreichs gegründet wurde, die allerdings nur bis 1954 Bestand hatte. Wir machen einen Zeitsprung ins Jahr 1990, in dem die Gründung des Montessori Österreich Dachverbands stattfand, an die sich noch im selben Jahr die Neugründung der Montessori-Gesellschaft Österreichs reihte.

## *Heute: Montessori Einrichtungen und Ansätze sind allgegenwärtig*

Heute gibt es weltweit wohl nur noch wenige Erzieher und Lehrer, die noch nie von Montessori gehört haben. Zu Lebzeiten unternahm Maria Montessori zahlreiche Vortragsreisen, um ihrer Methode auf der ganzen Welt zu Bekanntheit zu verhelfen. So kommt es, dass heutzutage über 40.000 Montessori-Schulen und Kinderhäuser existieren. Diese gibt es längst nicht mehr nur in Europa, sondern auch in den USA, in Asien und Afrika. Die Montessori-Lehre gehört zu den am weitesten verbreiteten Methoden der Bildungspädagogik überhaupt und findet Jahr für Jahr neue Anhänger, die sich von dem einzigartigen Bildungskonzept überzeugen lassen. Um die allgegenwärtige Präsenz der Montessori-Methoden zu verdeutlichen, folgen an dieser Stelle einige länderspezifische Zahlen:

| Land | Kindertagesstätten | Schulen |
|---|---|---|
| Deutschland | 600 | 400 |
| Schweiz | 45 | 15 |
| Österreich | 35 | 20 |
| USA | 6.000 | 4.500 |

### *Montessori in der Zukunft*

Die Montessori-Methode funktioniert: Das zeigen nicht nur zufriedene Eltern und Kinder, sondern auch Studienergebnisse, die in Kapitel 7 genauer dargelegt werden. Ob und inwiefern sich die spezielle Bildungspädagogik weiter verbreiten und durchsetzen wird, steht dennoch in den Sternen. Wie Kapitel 6 zeigt, existieren nämlich zahlreiche Vorurteile und Mythen rund um Montessori, die teils zu Abschreckung, Verwirrung und Gegenwind führen. In Deutschland ist seit Jahren ein Trend hin zur Montessori-Lehre zu erkennen, was sich in der Eröffnung weiterer Einrichtungen zeigt. Es ist also durchaus angemessen, vorsichtig optimistisch zu sein und auf eine positive Entwicklung hinsichtlich der Weiterverbreitung und dem Zugewinn an Popularität der Montessori-Lehren zu hoffen.

## Das Wichtigste in Kürze

- ✓ Die Montessoripädagogik beruht auf den Erkenntnissen und Methoden von Maria Montessori, welche erstmals im von ihr eröffneten Kinderhaus „Casa di bambini" in San Lorenzo umfassend umgesetzt wurden.
- ✓ 1919 wurde das erste deutsche Montessori-Kinderhaus in Jena eröffnet, 1923 folgte die erste deutsche Schule, die sich nach den Grundsätzen von Montessori richtete.

- ✓ 1925 wurde die Deutsche Montessori-Gesellschaft (DMG) in Berlin gegründet.
- ✓ 1933 wurden die Montessori Bildungseinrichtungen von den Nationalsozialisten verboten und mussten zwangsläufig schließen.
- ✓ 1952 wurde die DMG neu gegründet.
- ✓ Seit 2000 existiert die Organisation Montessori Europe, die nach Montessori arbeitende Pädagogen zusammenbringt.
- ✓ Maria Montessori bereiste zu Lebzeiten viele Länder der Welt, darunter die USA, Deutschland und Österreich, hielt Vorträge und gab Kurse, um ihrer Pädagogik zu Bekanntheit zu verhelfen.
- ✓ Heute finden sich weltweit rund 40.000 Montessori Einrichtungen, davon über 10.000 in den USA.

# Kapitel 3: Das Portrait einer außergewöhnlichen Frau

Wie angekündigt nutzen wir dieses Kapitel, um das Leben und Wirken der Maria Montessori genauer unter die Lupe zu nehmen. Denn: Wir haben es hier mit einer auf so vielerlei Weisen beeindruckenden Person zu tun, dass sich eigentlich ganze Bücher darüber schreiben ließen. Um den Rahmen nicht zu sprengen, begnügen wir uns an dieser Stelle jedoch damit, die wichtigsten Etappen aus Maria Montessoris Lebenslauf darzulegen. Wenn du dich nicht dafür interessierst, kannst du dieses Kapitel überspringen, da die folgenden Kapitel nicht darauf aufbauen.

## Kindheit und Jugend

Als einziges Kind des Finanzbeamten Alessandro Montessori und der Gutsbesitzerin Renilde Montessori (geb. Stoppani) wurde Maria Tecla Artemisia Montessori am 31. August 1870 in Chiaravalle geboren. Sie besuchte sechs Jahre lang die Grundschule und entschied sich anschließend, ihre Schulbildung auf einer naturwissenschaftlich-technischen Sekundarschule fortzusetzen. Im damaligen Jahr 1883 waren naturwissenschaftlich orientierte Schulen den Jungen vorbehalten und Marias Vater geriet durch die ungewöhnliche Wahl seiner Tochter in einen inneren Konflikt. Marias Mutter stärkte ihrer Tochter jedoch den Rücken und setzte sich für Marias Aufnahme an der Schule ein – mit Erfolg. In den nächsten Jahren entdeckte Maria ihre Liebe zur Mathematik, die durch ihr großes Talent bestärkt wurde. In dieser Zeit entwickelte die junge Italienerin den starken Wunsch, eines Tages Ärztin zu werden.

## Der Weg zur ersten Ärztin Italiens

War die Aufnahme an der naturwissenschaftlich-technischen Schule bereits schwer zu bewerkstelligen gewesen, stand Maria nun vor einer scheinbar unüberwindbaren Hürde: Noch nie zuvor hatte eine Frau das Medizinstudium in Italien angetreten. Der gehobene medizinische

Sektor wurde ausnahmslos von Männern diktiert und Marias Vater war nicht der einzige, der Schwierigkeiten damit hatte, den Berufswunsch seiner Tochter zu akzeptieren. Nachdem Maria mehrfach abgelehnt wurde, ging sie vorerst einen Kompromiss ein und begann ein Studium der Naturwissenschaften an der Universität in Rom. Parallel bemühte sie sich weiterhin um einen Studienplatz der Medizin und sollte schließlich für ihre Hartnäckigkeit belohnt werden: 1892 konnte die mutige junge Frau endlich ihr langersehntes Studium antreten: Der Beginn eines Weges, der von Diskriminierung und Sexismus geprägt war. Das Studium wurde Maria durch verschiedene sexistische Auflagen und Regelungen erschwert. Stets musste sie den Hörsaal als Letzte betreten und das Sezieren von Leichen war ihr nur nachts gestattet, da das Betrachten nackter menschlicher Körper in Gegenwart von Männern sich für eine Frau nicht schickte. Doch Maria ließ sich nicht beirren und promovierte am 10. Juli 1896. Sie hatte sich nicht nur den persönlichen Berufswunsch erfüllt, sondern auch der Frauenbewegung einen großartigen Dienst erwiesen, ebnete sie doch den Weg für folgende motivierte Medizinstudentinnen.

## Konflikt zwischen Mutterschaft und Karriere

Nach Abschluss des Medizinstudiums arbeitete Maria zunächst in einer chirurgischen und dann in einer psychiatrischen Klinik. Dort lernte sie Dr. Guiseppe Montesano kennen, mit dem sie eine Beziehung einging. Im August 1898 wurde der gemeinsame Sohn Mario geboren – eine mittlere Katastrophe. Schließlich waren uneheliche Kinder im Italien der damaligen Zeit verpönt. Wissend, dass die Bekanntgabe ihrer Niederkunft sie ihre medizinische Karriere gekostet hätte, übergab sie Mario nach dessen Geburt zügig in die Obhut einer Pflegefamilie. Auch wenn Maria ihren Sohn regelmäßig besuchte, war sie sich durchaus der Tatsache bewusst, dass die Rolle der Mutter ihrer Rolle als Ärztin zum Opfer gefallen war. Heute wird vermutet, dass Marias späteres Bestreben, sich um Kinder und deren Bildung zu kümmern, darin begründet sein könnte, dass sie nie die Gelegenheit hatte, hingebungsvoll für ihren eigenen Sohn zu sorgen.

## Weiterführende Studiengänge und Arbeiten

Neben ihrer Arbeit in der psychiatrischen Klinik belegte Montessori drei weitere Studiengänge: Anthropologie, Pädagogik und Experimentalpsychologie. Die Erweiterung ihres Wissens und die Beobachtungen an geistig behinderten Kindern der Klinik befähigten sie dazu, über den Tellerrand hinaus zu blicken, eigene Überlegungen in Sachen Kinderpsychologie, Pädagogik, Erziehung und Bildung anzustellen und innovative Herangehensweisen zu entwickeln. Ein frühes Beispiel ihrer bahnbrechenden Erkenntnisse stellt das durch sie begründete Phänomen der Polarisation der Aufmerksamkeit dar. Sie erweckte die Aufmerksamkeit der Kinder mittels bestimmter Sinnesübungen und konnte schnell grandiose Ergebnisse erzielen. Mit der Eröffnung ihres ersten Kinderhauses in San Lorenzo im Jahr 1907 hatte Montessori die Möglichkeit, ihre Erkenntnisse auf normalbegabte Kinder zu übertragen, und war wieder einmal erfolgreich. In der Folge wurden nach und nach weitere Kinderhäuser in Italien errichtet, die sich nach Marias Ansätzen der Pädagogik richteten.

## Engagement für die Frauenrechte

Die Erfahrungen, die Montessori als erste Medizinstudentin und Ärztin Italiens machen musste, inspirierten sie dazu, sich für die Frauenrechte einzusetzen. Sie war sich der Ungerechtigkeiten, denen sie ausgesetzt war, mehr als bewusst und war keinesfalls bereit, dies einfach hinzunehmen. Immer wieder engagierte sie sich entsprechend und wurde so zum Vorbild einer Feministin des 19. und 20. Jahrhunderts. 1896 beteiligte sie sich so zum Beispiel mit einer beeindruckenden Rede am internationalen Frauenkongress in Berlin.

## Reisen, Vorträge und internationaler Erfolg

1909 war Marias Idee von einer kindgerechten, zielführenden und freiheitsorientierten Pädagogik soweit ausgereift, dass sie einen ersten Ausbildungskurs abhielt und eine Abhandlung, „Il metodo della pedagogica scientifica", veröffentlichte. Vier Jahre später holte sie ihren mittlerweile fünfzehnjährigen Sohn zu sich und begab sich gemeinsam mit ihm auf ausgedehnte Reisen, in deren Rahmen sie ihre Pädagogik verbreiten und ihr Wissen durch Kurse und Vorträge weitergeben konnte. Während die Montessori-Lehren internationale Anerkennung fanden, wurde Mario vom Begleiter, zum Berater und zur rechten Hand Marias.

## Bruch mit Mussolini und Flucht in die Niederlande

Wir betreten ein weniger ruhmreiches Kapitel des Lebens der Maria Montessori. Als die Faschisten in Italien an die Macht kamen, bezog Maria – trotz innerer Widerstandsgedanken – nicht Position, sondern unterwarf sich Mussolini, der ihre Pädagogik zum Standard in allen italienischen Kinderhäusern und Schulen machte. Erst als der Einfluss der Faschisten auf die Inhalte ihrer Bildungspädagogik zu stark wurden, löste sich Montessori von ihrer Heimat und dem faschistischen Regime und floh in die Niederlande. Während die Montessori Einrichtungen in Deutschland, Österreich, Italien, Spanien und Russland geschlossen wurden, ließ sich Maria für kurze Zeit in Amsterdam nieder, bevor sie mit dem Ausbruch des zweiten Weltkriegs nach Indien weiterzog.

## Jahre in Indien

Von 1939 bis 1946 lebte Montessori mit ihrem Sohn in Indien, wo sie ihr Werk fortsetzte und eine indische Montessori-Bewegung ins Leben rief. Mit der Unterstützung ihres Sohnes hielt sie unzählige Vorträge, bot Kurse an und tat ihr Bestes, um Erzieher, Eltern und Lehrkräfte in Indien mit ihrem Konzept soweit vertraut zu machen, dass sie es selbst anwenden konnten. In dieser Zeit wurde eine Vielzahl indischer Montessori-Schulen und Kinderhäuser eröffnet, von denen manche bis heute existieren.

## Rückkehr nach Europa

1946 kehrte das Mutter-Sohn-Gespann nach Europa zurück und musste feststellen, dass das zuvor Aufgebaute gnadenlos zerstört wurde. Montessori stand wortwörtlich vor den Trümmern ihrer Arbeit. Zwar hatte die Montessoripädagogik noch immer einige Anhänger, doch das einst stabile Netzwerk aus Einrichtungen gab es nicht mehr. Es kostete Maria viele Jahre ihres Lebens, doch letztendlich gelang es ihr, ihr Lebenswerk mit Herzblut, Durchhaltevermögen und einem unermüdlichen Willen wiederaufzubauen. Wieder waren es hauptsächlich Reisen, Kurse und Vorträge, die dazu beitrugen, dass die Montessoripädagogik neu aufblühte und gedeihen konnte.

## Tod

Im Sommer 1951 hielt Maria Montessori einen Ausbildungskurs und es ahnte wohl noch niemand, dass es ihr letzter sein sollte. Am 6. Mai 1952 starb Montessori im Alter von 81 Jahren eines natürlichen Todes. Ihr Werk wurde danach von ihrem Sohn und Mentor weitergeführt – Montessori ist bis heute berühmt für ihre mutige, optimistische Lebensart und bleibt unvergessen.

## Das Wichtigste in Kürze

- ✓ Maria Tecla Artemisia Montessori wurde am 31. August 1870 in Chiaravalle, Italien geboren.
- ✓ 1883 setzte sie sich gegenüber ihrem Vater durch und besuchte eine naturwissenschaftlich orientierte Schule, die normalerweise den Jungen vorbehalten war.
- ✓ 1892 konnte Maria ihr Studium der Medizin beginnen, nachdem ihr dies jahrelang verwehrt worden war.
- ✓ 1896 promovierte sie und wurde zur ersten Ärztin Italiens und gleichzeitig zu einer Ikone des Feminismus.

- ✓ 1898 kam Marias Sohn Mario zur Welt, dessen Vater, Dr. Guiseppe Montesano, mit Maria in einer psychiatrischen Klinik arbeitete. Zugunsten ihrer Karriere war sie gezwungen, Marios Geburt geheim zu halten und ihren Sohn in eine Pflegefamilie zu geben.

- ✓ Neben der Ausübung ihres Berufes bildete sich die ambitionierte Ärztin weiter und studierte Anthropologie, Pädagogik und Experimentalpsychologie.

- ✓ 1907 eröffnete Montessori ein Kinderhaus in San Lorenzo und erhielt somit die Möglichkeit, ihre erdachten Methoden der Bildungspädagogik umfassend anzuwenden.

- ✓ 1909 veröffentlichte sie die erste Abhandlung, die sich mit der von ihr entwickelten Bildungspädagogik befasste.

- ✓ 1913 holte sie ihren Sohn zu sich und nahm ihn mit auf Reisen, auf denen sie ihre pädagogischen Lehren verbreitete.

- ✓ Aus dem faschistisch regierten Italien geflohen, lebten die beiden für kurze Zeit in den Niederlanden, bevor sie nach Indien weiterzogen, wo sie bis 1946 blieben.

- ✓ Anschließend kehrten Mutter und Sohn nach Europa zurück und arbeiteten mit Eifer am Wiederaufbau der Montessori Einrichtungen und der Weiterverbreitung der zugehörigen Lehren.

- ✓ 1952 starb Maria Montessori im Alter von 81 Jahren eines natürlichen Todes.

# Kapitel 4: Top 10 Vorteile der Montessori-Bildungspädagogik

Fragt man eingefleischte Montessori Fans, können diese oftmals eine schier unendlich lange Liste von Vorteilen dieser Pädagogik aus dem Stegreif aufsagen. Auch wir wollen uns genauer mit den konkreten Vorteilen beschäftigen, konzentrieren uns dabei jedoch auf die Top 10 der Pluspunkte, die am häufigsten erfahren werden oder am schwersten wiegen.

## #1: Individualität statt Norm

Überspitzt dargestellt läuft der Unterricht an vielen Schulen folgendermaßen ab: Die Schüler sitzen in Reih und Glied hinter ihren Tischen und haben alle dasselbe Buch, aufgeschlagen auf derselben Seite, vor sich. Na gut, ein oder zwei haben ihr Buch vielleicht vergessen und teilen sich eines mit dem Sitznachbarn. Der Lehrer gibt eine Aufgabe vor, alle Schüler bearbeiten diese. Oder auch nicht. Manche schieben sich Zettelchen zu, einer heult, weil er die Aufgabe nicht versteht, ein zweiter hat kein Geodreieck und kann die Aufgabe folglich nicht erledigen und in der letzten Reihe schläft ein Kind mit tiefen Augenringen fast ein. Ein Schüler fragt, ob er zur Toilette darf, und vertrödelt auf dem Weg dorthin und zurück zum Klassenzimmer die halbe Stunde. Schließlich stellt der Lehrer eine Frage und zehn Hände schnellen nach oben. Ein paar besonders eifrige Schüler wedeln mit ihren Zeigefingern, um ihre Chancen vermeintlich zu erhöhen. Der Lehrer nimmt bewusst den schläfrigen Kollegen aus der letzten Reihe dran, denn der hat vermutlich nicht aufgepasst. Dieser gibt eine Antwort, die nicht direkt falsch ist, aber eben auch nicht genau das, was der Lehrer sich erhofft hatte. Schade, dass nur eine Lösung die richtige sein kann – so steht es nämlich im Buch. Kurzum: Alle sitzen, an alle wird die exakt gleiche Anforderung gestellt, aber nur ein Bruchteil kann oder will sich wirklich darauf konzentrieren, während der Rest lediglich hofft, dass bald Pause ist. Das ist das Gegenteil von individueller Förderung. Schüler werden allesamt in eine Form gepresst. Wer zufällig quadratisch geformt ist, hat Glück gehabt, Dreiecke können sich irgendwie durchmogeln und Zylinder haben eben

Pech gehabt. Sie verlieren die Motivation, weil sie eigentlich längst bemerkt haben, dass sie niemals ein Quadrat sein werden. Sie werden niemals zu den Schülern gehören, auf die der Unterricht zufällig zugeschnitten ist. Anders sieht es in Montessori-Schulen aus: Hier wird erkannt, dass es nicht nur Quadrate gibt. In der Konsequenz zielt der Unterricht nicht auf Quadrate ab und versucht auch nicht, jedes Rechteck zum Quadrat zurecht zu stauchen, sondern akzeptiert alle Formen und wertschätzt deren individuelle Eigenschaften.

## #2: Freiheit statt Zwang

Stelle dir folgendes Szenario vor: Du stehst tatenlos und mehr oder weniger gelangweilt herum. Jemand kommt auf dich zu, sagt dir, was du nun zu tun hast, und fordert dich dazu auf, dies jetzt sofort zu erledigen. Oder aber: Jemand kommt auf dich zu und fordert dich dazu auf, dir zu überlegen, was du tun möchtest. In welchem Fall würdest du wohl motivierter an die Sache herangehen? Eindeutig im zweiten. Sobald ein Zwang vorhanden ist, sinkt unsere Bereitschaft, das Geforderte tatsächlich zu tun. Ganz einfach deshalb, weil wir gerne selbst entscheiden möchten. Kinder, die nach Montessori unterrichtet und betreut werden, haben die wertvolle Freiheit, selbst zu entscheiden, was sie tun und womit sie sich auseinandersetzen möchten. Das hat zur Folge, dass die Aufgabe, der sie sich widmen, mit mehr Motivation, Enthusiasmus und Konzentration ausgeführt wird, was letztendlich zu einem besseren Ergebnis und einem weitaus größeren Lerneffekt führt.

## #3: Selbstbestimmte Förderung der Interessen und Talente

Vielleicht kennst du das aus deiner Schulzeit: Jeder Lehrer vertritt die Ansicht, dass sein Fach das wichtigste ist und unbedingt mit vollem Einsatz verfolgt und beherrscht werden muss. Man sitzt also im Matheunterricht und versteht nur Bahnhof, traut sich nicht nachzufragen, um nicht als dumm dazustehen und bekommt gar nicht die Gelegenheit dazu, sich für Mathematik zu interessieren – weil man eh schon hinterher hinkt und Mathe folglich als „blöd“ abstempelt. Anders ist es, wenn man den Raum bekommt, sich seinen Interessen und

Talenten zuzuwenden. Man beschäftigt sich also zum Beispiel mit Englisch, weil man hier eine gewisse Begabung besitzt und traut sich etwas später – beflügelt durch die Englisch-Erfolge – an die Mathematik.

## #4: Entscheidungsfähigkeit, Verantwortungsbewusstsein und Selbstvertrauen

Ein Kind, dem immer vorgegeben wird, was es zu tun hat, lernt nicht, eigenständig Entscheidungen zu treffen. Genauso wenig lernt es, die Verantwortung für diese Entscheidungen zu tragen. Durch die Freiarbeit im Sinne von Montessori werden Kinder laufend dazu angehalten, eigene Entscheidungen zu treffen, die Verantwortung für sich selbst und das eigene Tun zu übernehmen und sich so zu beschäftigen, wie sie es selbst für sinnvoll, dem Moment angemessen und richtig halten. Daraus erwächst ein starkes Selbstvertrauen. Die Kinder erfahren, dass sie sich auf sich und ihre Entscheidungen verlassen können, dass sie eine Stimme haben, die gehört wird und dass sie als kleine Menschen in der Lage dazu sind, verantwortungsvoll zu handeln und sich in diesem Zuge um sich selbst zu kümmern beziehungsweise den eigenen Bedürfnissen entgegenzukommen. Wenn ein Kind einen schlechten Tag hat, wird es in einer „normalen" Schule den ganz gewöhnlichen Alltagsunterricht mitmachen, sich durchbeißen und sich den Entscheidungen, die über seinen Kopf hinweg getroffen wurden und die es womöglich nicht einmal ansatzweise nachvollziehen kann, beugen. Nach Montessori hat das Kind die Möglichkeit, selbstfürsorglich anzuerkennen, dass es heute müde ist, Kopfschmerzen hat oder schlecht gelaunt ist und sich entsprechend eine Betätigung zu suchen, die ihm besonders viel Freude macht und es nicht überanstrengt. Das Kind lernt im Resultat, dass es Vertrauen in sich legen kann, weil es die Verantwortung für sich selbst übernimmt und Entscheidungen trifft, die ihm zugutekommen.

## #5: Entwicklung organisatorischer Kompetenzen

Auch in der Montessoripädagogik gibt es Lernziele, die den Kindern erklärt werden. Ihnen wird außerdem erklärt, warum genau es erstrebenswert ist, diese Ziele zu erreichen. Ein grober Weg zum Ziel wird abgesteckt, wie genau das Kind diesen geht, wird aber ihm selbst überlassen. In der Folge lernt es, sich selbst zu organisieren – eine Fähigkeit, die ihm bis ins hohe Erwachsenenalter von großem Nutzen sein wird.

## #6: Förderung der Rücksichtnahme und Toleranz

Kinder, die individuell gefördert werden und viel frei arbeiten, erfahren zwangsläufig, wie wichtig es ist, Rücksicht zu nehmen und tolerant zu sein. Denn: Wenn zwanzig Kinder jeweils ihrer eigens gewählten Beschäftigung nachgehen, erfordert es Rücksichtnahme und ein gewisses Mit- und Vorausdenken, um sich nicht in die Quere zu kommen und gegenseitig zu stören. Außerdem kommt es weniger häufig zu schädlichen Vergleichen à la „Ich bin schon fertig und schau mal, der Max hat noch nicht mal die erste Aufgabe gelöst" oder „Anna hat einen perfekten Regenbogen gemalt, meiner muss mindestens genauso schön werden, sonst landet er im Müll." Den Kindern wird frühzeitig vermittelt, dass die Vorgehensweisen, die Lösungswege, die Ansprüche und die Tempi der anderen zu respektieren sind – sie sind nicht besser oder schlechter als die eigenen.

## #7: Lernen im eigenen Tempo

Und damit sind wir auch schon beim Lernen im eigenen Tempo. Erinnere dich einmal zurück zur geschilderten Situation aus Vorteil Nummer 1. Eine Klasse, ein Buch, eine Aufgabe. Und ein Zeitfenster, das seitens des Lehrers zwingend eingehalten werden muss. Schließlich muss der Lehrplan auf Teufel komm raus durchgeboxt werden und es geht ja nicht, dass ein Drittel der Schüler viel zu lange braucht. Die trödeln nur und konzentrieren sich nicht richtig. In der Montessoripädagogik würde man sich hier fragen: Warum brauchen diese Schüler länger? Und ist das wirklich ein Problem? Nein, ist es nicht. Jedes Kind bringt seine eigenen Eigenschaften und Begabungen mit und was dem einen spielend leicht von der Hand geht, fällt dem anderen nun mal schwer. Und das ist völlig in Ordnung. Nur wenn Kinder ihr eigenes Tempo vorgeben können, können sie stressfrei lernen. Und nur wer keinen Stress hat, kann sich gut konzentrieren und lernt nachhaltig und effektiv. Deshalb ist das Lernen im eigenen Tempo ein so wichtiger Aspekt, der in der Montessoripädagogik nicht wegzudenken ist.

## #8: Erbitten von Hilfe vs. Selbermachen

Grundsätzlich werden Kinder nach Montessori immer zum Selbermachen motiviert. Das bedeutet aber nicht, dass man sie nach dem Motto „Schau wie du zurechtkommst" allein lässt. Kinder dürfen sich ausprobieren, Fehler machen und Dinge auf eigene Faust in Angriff nehmen. Sie wissen dabei aber auch, dass sie sich bei Fragen oder Problemen an ihre Begleiter, also Eltern, Lehrer oder Erzieher, wenden können, um sich Hilfe zu holen. So entsteht eine entspannte, sicherheitsgeprägte Atmosphäre, in der ein gegebenenfalls unterstütztes, aber nach Belieben vollkommen eigenständiges Lernen möglich ist.

## #9: Förderung des freien, eigenständigen Denkens

Die freie Arbeit und das frei gewählte Handeln fördern das freie Denken. Kindern wird kein klar eingegrenzter, betonierter Weg vorgegeben. Vielmehr werden sie dazu angeregt, zugewucherte Pfade zu erkunden, verschiedene Wege auszutesten und eigene Strategien zu entwickeln. Die Montessoripädagogik lehnt es ab, Kindern vorgekaute Meinungen zu servieren. Stattdessen sollen sie sich ihre Ansichten und Meinungen selbst bilden, indem sie beobachten, probieren, scheitern, triumphieren und erfahren. Kinder bemerken schnell, ob sie sich anpassen müssen oder sich entfalten dürfen. Ist letzteres der Fall, stehen die Chancen gut, dass sie zu eigenständigen Wesen heranwachsen, die über den Tellerrand hinausblicken und Dinge hinterfragen, anstatt alles einfach so als gegeben hinzunehmen.

## #10: Fokus auf Stärken und Begabungen

Die Montessoripädagogik stellt die Stärken in den Fokus und sieht zunächst einmal über die Schwächen hinweg. Kinder sollen das tun und ausbauen, was ihnen Freude bereitet, ihre Fähigkeiten selbstbestimmt erweitern und ihre Stärken feiern. Sie sollen stolz sein, wertschätzend mit sich selbst umgehen und lernen, sich über persönliche Erfolge zu freuen sowie Begabungen mit Leichtigkeit und ganz ohne

Druck zu fördern. Der Blick wird weg von dem, was nicht klappt, und hin zu dem, was wunderbar funktioniert, gelenkt. Dadurch tendieren die Kinder zu einer optimistischen Sichtweise und tun sich leicht damit, ein stabiles Selbstwertgefühl zu entwickeln.

# Kapitel 5: Verständnis des Kindes nach Montessori

Mit Kapitel 5 begeben wir uns weiter in die Tiefe der Montessoripädagogik und wenden uns explizit dem Verständnis des Kindes im Rahmen dieser Lehre zu. Wie entwickelt sich das Kind? Wie erlebt es die Welt und wie lernt es? Diese Fragen werden im Folgenden aufgegriffen.

## Die sensiblen Phasen

*„Die innere Empfänglichkeit bestimmt, was aus der Vielfalt der Umwelt jeweils aufgenommen werden soll und welche Situationen für das augenblickliche Entwicklungsstadium die vorteilhaftesten sind."*

**– Maria Montessori**

Befasst man sich mit der Pädagogik nach Montessori, begegnet man zwangsläufig immer wieder dem Begriff der „sensiblen Phasen" oder auch „sensiblen Perioden". Die Begrifflichkeit selbst verrät dem Laien eher wenig darüber, was sich dahinter verbirgt. Gemeint sind damit Entwicklungsphasen, in denen das Kind besonders offen für das Lernen spezieller Fähigkeiten ist. Sprich: Je nach „sensibler Phase" ist das Kind mehr oder weniger dazu geneigt, eine bestimmte Kompetenz zu erwerben. Letztendlich steht keine dieser Phasen ganz für sich und ist erst recht nicht unberührt von der vorausgehenden Phase. Die erste sensible Periode legt den Grundstein für die zweite, die zweite legt den Grundstein für die dritte. Die Phasen bauen also quasi bedingt aufeinander auf und folgen entsprechend einer sinnvollen Struktur. Demnach sind sie nicht willkürlich so wie sie sich darstellen, sondern müssen in dieser Reihenfolge stattfinden, damit das Kind fortlaufend von den bereits erlernten Fähigkeiten profitieren kann.

## Die drei Entwicklungsphasen des Kindes

Wie gestalten sich nun diese kindlichen, „sensiblen" Entwicklungsphasen? Generell gibt es nach Montessori drei solcher Phasen, von denen sich zwei in jeweils zwei weitere Unterteilungen aufsplitten.

---

### Phase 1:

Das Kleinkindalter – von der Geburt bis zum 6. Lebensjahr

---

Alles beginnt mit dem Kleinkindalter, in das Kinder von der Geburt bis zum sechsten Lebensjahr fallen. Wie angekündigt, unterteilt sich diese „sensible Phase" in zwei altersspezifische Kategorien:

#### Stufe 1: 0 bis 3 Jahre

Kinder sind von Geburt an aufnahme- und lernfähige Wesen. Tatsächlich lernen sie in diesem extrem jungen Alter so schnell und viel wie nie. Der „absorbierende Geist", über den wir bereits gesprochen haben, tritt hier besonders stark zum Vorschein: Kinder saugen von der Geburt bis zum dritten Lebensjahr sämtliche Erlebnisse auf wie ein Schwamm, sodass sich die Ereignisse in dieser Zeit maßgeblich auf die weitere Entwicklung auswirken. Wer denkt, dass ein Baby „sowieso nichts mitbekommt", irrt sich also gewaltig. Die Sensibilität richtet sich in dieser Altersspanne vor allem auf die Sprache, die Bewegung, die Sinne und die Motorik sowie auf den Ordnungssinn. Was Kinder in dieser Zeit erfahren, nehmen sie völlig rein und unbeeinflusst von vorhergegangenen Erfahrungswerten und dem persönlichen Weltbild, das sich erst noch entwickeln muss, wahr. Sie verstehen längst nicht alles, sondern erleben ganz unvoreingenommen und ohne den Anspruch, einen tieferen Sinn hinter jedem Erlebnis zu finden. Wir haben es hier folglich mit einer Wahrnehmung in ihrer ursprünglichsten Form zu tun, was nicht bedeutet, dass das Erlebte nichts im Kind auslöst, hervorruft oder erweckt. Im Alter von null bis drei Jahren profitieren Kinder von einer lockeren, aber dennoch vorgegebenen Ordnung, die ihnen beim Verstehen und Zurechtfinden hilft. Sie lernen zu greifen, sich selbst und Dinge in ihrem Umfeld zu bewegen, sich fortzubewegen, sich im Raum zu orten und die Worte und Sätze, die an sie herangetragen werden, zu entwirren, bis sie einen Sinn ergeben. Gleichzeitig werden sie selbst kommunikativ und immer besser darin, sich mitzuteilen und ihre Empfindungen und Bedürfnisse zum Ausdruck zu bringen. Sie erforschen ihre Sinne und durchlaufen so zum Beispiel zeitlich begrenzte Phasen, in denen sie besonders stark auf Geräusche, Gerüche oder Geschmäcker reagieren.

## Stufe 2: 3 bis 6 Jahre

In aller Regel wird ein Kind erst nach dem Erreichen des dritten Lebensjahres beeinflussbar. Was zuvor wertungsfrei und zum großen Teil unverstanden wahrgenommen wird, wird nun fortführend in Zusammenhänge gesetzt und verstanden. Kinder dieses Alters entwickeln den sachten Anspruch, verstehen zu wollen, und kreieren unter Umständen paradoxe oder für uns Erwachsene auch vollkommen blödsinnige Gedankengespinste, um sich ihre Welt und das, was darin passiert, zu erklären. Sowohl die Sprache als auch die Motorik entwickeln sich stetig weiter und werden laufend optimiert. Nun werden auch andere Menschen, vor allem Kinder, im direkten Umfeld interessant. Die Interaktion mit Gleichaltrigen gewinnt an Bedeutung und Eltern müssen schwer schlucken, wenn das Kind plötzlich lieber mit einem Freund spielen möchte, als eine Geschichte vorgelesen zu bekommen. Gleichzeitig berufen sich die Kleinen mitunter vehement auf das Einhalten von bisher etablierten Routinen. Liest Mama beispielsweise einen Satz aus dem Lieblingsbuch verkehrtherum oder in einer anderen Tonlage vor, wird dies als immenser Störfaktor empfunden, den es zu korrigieren gilt. So erklären sich viele der nervenaufreibenden und lästigen „Trotzanfälle“. Denn: Was nicht in die bisher erlebte Welt des Kindes passt, wird unweigerlich auf den Prüfstand gestellt und im Zweifelsfall zunächst einmal abgelehnt.

## **Phase 2**:
Die Kindheit – vom 6. bis zum 12. Lebensjahr

Im Vergleich zu den ersten sechs Lebensjahren verläuft die zweite Phase deutlich ruhiger, wenn auch nicht unbedingt weniger spannend für Eltern und Kind. In diesem Alter ist der Wissensdurst der Kinder nahezu unstillbar: Sie wollen alles ganz genau erklärt bekommen, alles bis ins letzte Detail verstehen und interessieren sich häufig für eine Vielzahl verschiedener Themen. Auch die Vorstellungskraft hat sich deutlich weiterentwickelt, sodass sich Kinder dieser Altersstufe – wie schon in Phase 1 ausprobiert – im Zweifel ihre eigenen Erklärungen zurechtzimmern, wenn sie keine klaren Informationen bekommen. Die Frage nach dem „Wie“ und „Warum“ ist fast allgegenwärtig und wird in vielen Fällen so oft gestellt, dass man als Eltern schon mal an den Rand der Verzweiflung kommt und mitunter in eine ernsthafte Erklärungsnot gerät. Kinder zwischen sechs und zwölf Jahren befassen sich außerdem zunehmend mit ihren Emotionen und ihrer Gefühlswelt, die sie sich situativ nicht immer erklären können. Sie beginnen, sich und ihr Verhalten mit anderen zu vergleichen und erkennen so unweigerlich, dass sie und alle um sie herum Individuen sind. Soziale Beziehungen mit Gleichaltrigen werden noch wichtiger und Freunde werden den Eltern immer öfter vorgezogen. Dies leitet den Prozess des Ablösens von den Eltern ein, der für die Eltern selbst nicht selten schwierig und schmerzhaft, für das Kind aber von großem Wert ist. In dieser Altersspanne entwickelt sich daneben das moralische Empfinden. Kinder beginnen damit, stärker zwischen Recht und Unrecht sowie zwischen Gut und Böse zu unterscheiden. Das Moralempfinden wird dabei stark von den Eltern und Bezugspersonen, aber auch von Freunden und den gemachten Erfahrungen beeinflusst.

## **Phase 3**:
Die Jugend – vom 12. bis zum 18. Lebensjahr

Vom 12. bis zum 18. Lebensjahr durchlaufen Kinder nach Montessori die sensible Phase der Jugend. Wie schon in Phase 1, wird auch hier wieder in zwei Stufen unterteilt:

## Stufe 1: 12 bis 15 Jahre

Zwischen dem 12. und dem 15. Lebensjahr kommen die Kids in die Pubertät und verwandeln sich von unvoreingenommenen und teils unbedarften Kindern in waschechte Teenager. Die Pubertät, die seitens der Eltern oft als besonders anstrengend empfunden wird, ist eine einschneidende sensible Phase, deren Auswirkung auf die Kinder nicht unterschätzt werden darf. Diese Zeit ist zumeist vermehrt konfliktbelastet, was zwar stressig sein kann, aber durchaus seinen Sinn hat. Kinder dieser Altersstufe streben danach, ihren eigenen Weg zu finden, sich als Persönlichkeit zu definieren und ihre individuellen Wertvorstellungen und Meinungen zu etablieren. Sie halten quasi konstant Ausschau nach möglichen Einflüssen, an denen sie sich festhalten und an denen sie wachsen können. Die Freunde und deren Anerkennung sind von großer Wichtigkeit, während die Ansichten der Eltern in den Hintergrund rücken. Das Ablösen von der Familie fährt rasant fort. Finden Kinder dann keinen Halt in einer gefestigten Clique, führt dies zu einer immensen Unsicherheit und teils auch zu einem tiefen Gefühl der Verlorenheit. Kinder machen in diesem Lebensabschnitt Erfahrungen, die sie nicht mehr unbedingt zu 100 % mit den Eltern teilen wollen und grenzen sich bewusst stärker ab, suchen zeitgleich aber nach Halt und Stabilität. So geraten sie in einen Zwiespalt, den nur die Zeit schließen kann.

## Stufe 2: 15 bis 18 Jahre

Mit 15 Jahren ist die Pubertät im Normalfall abgeschlossen, was sich in aller Regel positiv auf das Zusammenleben und den Frieden in der Familie auswirkt. Zu diesem Zeitpunkt hat das jugendliche Kind im Idealfall ein gesundes Selbstbewusstsein entwickelt. Dieses dient als gute Basis dafür, immer mehr eigene Entscheidungen zu treffen, sich fundierte Meinungen zu bilden und gegebenenfalls einen Aufstand zu proben, wenn dies als notwendig empfunden wird. Viele Kinder nähern sich in diesem Alter wieder der Familie an, ohne dabei ihre erworbene Unabhängigkeit oder den Bezug zum Freundeskreis zu verlieren. Sie begreifen nach und nach, dass sie einen Plan brauchen, um in dieser Welt klarzukommen und fühlen sich nicht selten genau durch diesen Aspekt unter Druck gesetzt. Fragen wie „Was willst du nach der Schule machen?“, „Du willst doch bestimmt Medizin studieren, oder?“ und „Findet du nicht, dass du langsam mal einen Plan für die Zukunft schmieden solltest?“ verstärken das Gefühl des Drucks und sind im Endeffekt eher kontraproduktiv, da Jugendliche mehr als alles andere ihren eigenen Weg finden und gehen wollen, ohne dabei dem konstanten Einfluss von Eltern und Verwandten ausgesetzt zu sein. In den Jahren zwischen 15 und 18 balancieren Jugendliche auf einer schmalen Linie des Wandels: Sie sind keine Kinder mehr, aber eben auch noch nicht erwachsen. Die persönlichen Wertvorstellungen, die Moral, die Wünsche für die Zukunft und die Selbsteinschätzung können sich zu dieser Zeit zügig ändern. Das ist darin begründet, dass die Heranwachsenden einen Weg suchen, sich diesen aber keinesfalls vorgeben lassen möchten. Eine aufregende Zeit, in der die Weichen für die Zukunft als erwachsene Persönlichkeiten gestellt werden.

## Die vierte Entwicklungsphase

Aufbauend auf die zuvor definierten drei kindlichen Entwicklungsphasen formulierte Montessori etwas später eine vierte, die sie in ihr Modell der sensiblen Phasen integrierte. Diese konzentriert sich auf junge Erwachsene zwischen 18 und 24 Jahren, weshalb es strenggenommen keine kindliche Entwicklungsphase ist. Montessori bezeichnet die vierte Phase des Modells als „stabil“. Die größten Sprünge in der Entwicklung sind getan und die Zeit der „Formung“ ist zum größten Teil abgeschlossen. Dennoch haben wir es auch hier mit einer sensiblen Periode zu tun, denn der Schritt ins Erwachsenenleben erfordert ein Dazulernen und vor allem ein noch intensiveres Umsetzen des bisher Gelernten. Die Montessoripädagogik nimmt zu diesem Zeitpunkt im Leben keinen direkten Einfluss mehr auf das Individuum, da die Schulzeit bereits vorüber ist. Ein indirekter Einfluss lässt sich oftmals anhand dessen erkennen, wie sich die vierte Entwicklungsphase gestaltet. Der junge Erwachsene ist nun idealerweise bereit dazu, sich vollends von der Familie abzunabeln. Das bedeutet keinesfalls, dass kein enger Kontakt mehr zu den Eltern, Geschwistern und anderen Verwandten gehalten wird, sondern dass parallel ein eigenständiges, davon größtenteils unabhängiges Sein aufgebaut wird. Das ehemalige Kind hat gelernt, sich selbst zu organisieren, soziale Kontakte zu pflegen, eigene Werte und moralische Vorstellungen zu entwickeln und für diese einzustehen, sich selbst einzuschätzen und sich zu vertrauen, Entscheidungen zu treffen und Konsequenzen sowie Verpflichtungen abzuschätzen und zu tragen beziehungsweise zu erfüllen. Es ist als Individuum gereift und hat einige sensible Phasen der Stabilität und der Formung durchlaufen, die es an den Punkt gebracht haben, an dem es jetzt ist, und es weiter begleiten werden.

## Das kindliche Lernen und die kosmische Erziehung

Maria Montessori verstand Kinder nicht als leere Hüllen, die nach Belieben mit Wissen gefüllt werden müssen. Vielmehr gestand sie jedem Kind eine bedingungslose Individualität zu. Sie war überzeugt davon, dass jedes Kind einen „inneren Bauplan" besitzt, und sah die Aufgabe von Begleitern und Pädagogen nicht darin, diesen Bauplan umzuschreiben oder zu korrigieren, sondern das Kind dabei zu unterstützen, ihn zu entdecken, zu verstehen und zu durchlaufen. Jedes Kind mit seinem persönlichen Bauplan gehört laut Montessori zum „großen Ganzen" – genau wie jeder Erwachsene, jede Pflanze, jedes Tier und jedes Gestein. Daraus folgt, dass wir alle eine Aufgabe innehaben, die wir zum Erhalt und zum Wohle des „großen Ganzen" erfüllen. Dem liegt ein altruistischer Gedanke zugrunde: So wie ein Insekt durch seine Nahrungssuche die Blumen bestäubt und ihnen zur Blüte verhilft, tragen auch wir durch unser Tun bewusst oder unbewusst zum Erhalt der Schöpfung in Reinheit und Harmonie bei. Die kosmische Erziehung zielt darauf ab, Kindern ein Gefühl für den Zusammenhang allen Seins zu vermitteln, damit sie die Wechselwirkungen und miteinander verwobenen Prozesse des Kosmos begreifen und ihren Platz sowie ihre Aufgabe in diesem und für diesen Kosmos finden. Da der Mensch nach Montessori das einzige Element des Kosmos ist, das logisch denken, bewusst agieren, die Vergangenheit und Gegenwart reflektieren und die Zukunft planen kann, fällt ihm eine gewisse Sonderstellung im „großen Ganzen" zu. Er ist fähig, der Schöpfung bewusst zu dienen und seinen unverzichtbaren Beitrag, angetrieben durch ein tiefes Verständnis und den zielgerichteten Willen, zu leisten. Es geht nicht darum, dem Kind einen Platz zuzuweisen und Anweisungen zu geben, sondern darum, seine Fähigkeit der Imagination anzuregen, damit es seinen Platz selbst finden und eigenen Ideen folgen kann. Unter dem Begriff der Imagination versteht die Montessori-Lehre die Fertigkeit, Vergangenheit und Zukunft imaginativ zu verknüpfen und damit gedankliche Räume zu betreten, die keine Grenzen kennen. Die Imaginationsfähigkeit prädestiniert uns Menschen dafür, reflektiert, epochenübergreifend und großräumig zu denken, das „große Ganze" und unseren Anteil daran zu erkennen und zu verstehen, welchen Einflüssen wir ausgesetzt sind und welchen Einfluss wir ausüben. Die Betreuung und der Unterricht in Montessori Einrichtungen richtet sich explizit nach dem Verständnis der kosmischen Erziehung und kennt somit keine „Einbahnstraßen". Alles Wissen und alle Erfahrungen werden fächerübergreifend verknüpft und in Zusammenhang gestellt. Es ist nicht das Ziel, möglichst viel Wissen zu vermitteln, sofern dieses Wissen zusammenhangslos und in einzelnen Strängen für sich steht. Stattdessen wird immer eine Verbindung von einzelnen Wissenssträngen angestrebt, sodass keine alleinstehenden Pole, sondern ein umfassendes, weitläufiges und stark vernetztes Gesamtnetzwerk des Wissens geschaffen wird. Durch diese Vorgehensweise soll es den Kindern nebenbei auch leichter fallen, sich Dinge zu merken, sie abzuspeichern und zu verstehen, als wenn sie diese beispielsweise nur auswendig lernen oder als von allem anderen abgegrenzten Einzelbereich ansehen würden. Denn das kindliche Lernen kennt zunächst einmal keine Grenzen und Mauern, sondern ist bestrebt, das „große Ganze" zu begreifen und dessen Inhalte sowie deren Wechselwirkungen zu erfassen. Nicht umsonst stellen Kinder oft verblüffend tiefgreifende Fragen, zum Beispiel „Wo komme ich her?", „Wer bin ich?", „Warum welkt die Blume?" und „Was passiert, wenn ich sterbe?". Wer ein Kind großgezogen hat, weiß, dass sich diese kleinen, neugierigen Wesen nur selten mit einfachen Antworten abspeisen lassen. Auf die elterliche Antwort „Du kommst in den Himmel", folgen mindestens drei weitere Fragen, beispielsweise „Wo ist der Himmel?", „Kommst du auch in den Himmel?", „Wie ist es im Himmel?", „Dürfen auch Hunde in den Himmel?" und „Warum komme ich in den Himmel?“. Jede weitere Antwort befördert weitere Fragen zutage – denn das Kind will wissen und es will vor allem verstehen. Dieser kindlichen Eigenschaft kommt die kosmische Erziehung entgegen, die keinen Lehrplan mit voneinander abgegrenzten Fächern verfolgt, sondern immer das „große Ganze“, den Kosmos, die Zusammenhänge, die Wechselwirkungen und die eigene Rolle im Blick hat.

## Das Wichtigste in Kürze

- ✓ Sensible Phasen sind Entwicklungsphasen, in denen das Kind Lerninhalte selektiv bevorzugt aufnimmt und schneller verinnerlicht.
- ✓ Montessori unterscheidet vier altersgebundene Entwicklungsphasen: das Kleinkindalter (0 bis 6 Jahre), die Kindheit (6 bis 12 Jahre), die Jugend (12 bis 18 Jahre) und das junge Erwachsenenalter (18 bis 24 Jahre).
- ✓ Die kosmische Erziehung ist ein wichtiges Element der Montessoripädagogik und bezieht sich auf den Kosmos, das „große Ganze“, die darin bestehenden Wechselwirkungen und Zusammenhänge sowie die Rolle, die das Kind und dessen Handlungen dabei innehaben.
- ✓ Im Rahmen der kosmischen Erziehung werden Verbindungen zwischen Wissenssträngen, die auf den ersten Blick womöglich nicht viel miteinander zu tun zu haben scheinen, geknüpft und natürliche Prozesse erörtert. Außerdem werden die Imaginationsfähigkeit, deren Einsatz und die Verantwortung, die damit einhergeht, beleuchtet.
- ✓ Die kosmische Erziehung kommt dem kindlichen Lernen entgegen und hilft, das Bedürfnis nach einem tiefgreifenden Verständnis und dem Kennenlernen und Akzeptieren der Grenzen dieses Verständnisses zu erkunden.

# Kapitel 6: Faktencheck - Kritik, Vorurteile und Mythen

Wer sich als Eltern mit Montessori befasst und mit dem Gedanken spielt, sein Kind in Montessori Einrichtungen unterzubringen, erntet oft abschätzige Blicke. Zwar ist die Montessoripädagogik weit verbreitet, doch nicht überall werden ihre Vorzüge gesehen und nicht jeder hat sich insoweit damit auseinandergesetzt, dass er sich ein echtes Urteil darüber bilden kann. Beschäftigt man sich nur oberflächlich mit der Thematik und schnappt hier und da einige Sätze auf, ergibt sich ein wunderbarer Nährboden für wilde Theorien, Mythen und Vorurteile, von denen – das muss man ehrlicherweise zugeben – nicht einmal alle zu 100 % falsch sind. Manchmal findet sich ein Körnchen Wahrheit in den Behauptungen, was wir auch nicht verschweigen, sondern klar benennen möchten. Also Vorhang auf für den Faktencheck der bekanntesten und am weitesten verbreiteten Kritikpunkte, Mythen und Vorurteile rund um Montessori:

## In Montessori Einrichtungen sind Kinder auf sich allein gestellt

Diese Kritik beruht auf einem grundlegenden Missverständnis: Ja, die Montessoripädagogik regt Kinder dazu an, vieles selbst zu machen oder zumindest einmal auf eigene Faust zu probieren. Aber nein, natürlich werden die Kids in Montessori Einrichtungen nicht allein gelassen und sie sind auch nicht auf sich allein gestellt. Ihnen wird die Möglichkeit gegeben, Dinge zu versuchen, die sie bisher vielleicht noch nie selbst gemacht haben, und sich an Herausforderungen zu wagen, deren Bewältigung ihnen bislang abgenommen wurde. Braucht ein Kind jedoch Hilfe, bekommt es diese ohne „Wenn und Aber“. Der Grundsatz lautet: So viel Selbstständigkeit wie möglich, so viel Hilfe wie nötig. Kinder erhalten in Montessori Einrichtungen also durchaus die Hilfestellungen, die sie brauchen. Ihnen werden aber keine Dinge ab- oder vorweggenommen, die sie eigentlich selbst schaffen können und möchten. Die Kinder sind nicht sich selbst überlassen, haben aber die Gelegenheit, sich auszuprobieren und aus Versuch und Irrtum zu lernen, was das Durchhaltevermögen, die Fähigkeit der Problemlösung und allem voran das Selbstvertrauen stärkt.

## Nach Montessori muss man Kindern alles erlauben und sich immer nach ihren Wünschen richten

Auch dieses Vorurteil erwächst aus einer Fehlinterpretation. Selbstverständlich gibt es auch in Montessori Einrichtungen – genauso wie bei Eltern, die ihr Kind im Sinne der Montessoripädagogik erziehen – gewisse Regeln. Diese werden mit dem Kind gemeinsam aufgestellt, gegebenenfalls angepasst und ausführlich sowie altersgerecht besprochen. Das hat den Vorteil, dass die Kinder eher gewillt sind, sich an die Regeln zu halten, als in Fällen, in denen über ihren Kopf hinweg und ganz ohne sie einzubeziehen entschieden wurde. Es ist richtig, dass Montessori Kindern mehr Spielraum und Möglichkeiten einräumt. Falsch ist hingegen, dass Kindern nach Montessori alles erlaubt werden muss und dass die kindlichen Wünsche immer zu 100 % erfüllt werden müssen. Nach Montessori sagt man jedoch nicht schlicht und einfach „Nein“, sondern begründet das „Nein“ gegenüber dem Kind und ist bestrebt, zu einem einvernehmlichen Kompromiss zu finden. Man versucht, die Beweggründe des Kindes zu verstehen, es zu Wort kommen und sich erklären zu lassen, es anzuhören und gemeinsam eine Lösung zu finden. Wer dieses Konzept ausprobiert, wird überrascht sein, wie einsichtig und kompromissbereit Kinder sein können, wenn man ihnen die Möglichkeit gibt, zu sprechen, zu erklären, zuzuhören und nachzuvollziehen.

## Montessori Schüler müssen keine Leistungen erbringen

Dieser Kritikpunkt ist extrem gängig und dessen Wahrheitsgehalt hängt stark davon ab, was man darunter versteht „Leistung zu erbringen“. Im Normalfall wird damit auf die fehlende Benotung nach Regelschulen-Prinzip an Montessori-Schulen angespielt. Dass die ausschließliche Leistungsbewertung in Form von Noten eventuell wenig zweckerfüllend, womöglich nicht aussagekräftig genug oder vielleicht sogar überflüssig ist, wird dabei gar nicht erst erwogen. In Montessori Einrichtungen wird zunächst einmal die Ansicht vertreten, dass Schüler in der Lage dazu sind, ihre Fähigkeiten selbst zu überprüfen, zu beurteilen und einzuordnen. Sie brauchen kein Zeugnis, das ihnen in Zahlen sagt, wie gut oder schlecht sie in verschiedenen Bereichen sind – das können sie schon selbst einschätzen. Dennoch findet auch in Montessori Einrichtungen eine Beobachtung und Bewertung statt, die jedoch anders aufgebaut ist. Hier variieren die Beurteilungssysteme teils von Schule zu Schule, weshalb kein pauschales System angegeben werden kann. Beispielhaft kann ein solches alternatives Lernstandermittlungskonzept aber wie folgt aussehen:

### Dokumentation des Lernfortschritts und der Entwicklung

Der Lehrer beobachtet die Kinder und deren Verhalten in der freien Arbeit, führt Lerntagebücher und legt Checklisten an, die aufzeigen, wie viel des Lernstoffs das einzelne Kind bereits gemeistert hat. Es entstehen umfangreiche Aufschriebe zu jedem einzelnen Kind, sodass dem „Individuum Schüler" eine ebenso individuelle Einschätzung seiner „Leistungen" zuteilwird.

### Bewertung und Reflektion von Präsentationen

Referate, Präsentationen im Team und die Erklärung von selbst erstellten Lernplakaten sind nur einige Beispiele für Leistungen aus der Kategorie „Präsentieren und Erklären", die Montessori Schüler erbringen. Für diese Leistungen gibt es traditionelle Noten inklusive eines ausführlichen Feedbacks, das der Schüler nicht wortlos akzeptieren muss, sondern durchaus auch hinterfragen kann.

### Benotung von Werken und Arbeiten

Bilder, Bastelarbeiten, Gedichte und Kurzgeschichten können ebenfalls traditionell benotet werden, wobei auch hier das individuelle, präzise Feedback nicht fehlen darf. Außerdem – und das überrascht viele – werden ab einer gewissen Altersstufe auch Hausarbeiten, Tests und Klassenarbeiten geschrieben und benotet. Anstatt einem Schüler aber mit streng-düsterer bis enttäuscht-wütender Miene seine Fünf zu überreichen, findet ein Gespräch statt, mit dem Ziel, gemeinsam Wege hin zu einer Verbesserung der Kompetenzen im jeweiligen Bereich zu erarbeiten.

Da Montessori Schüler im Endeffekt denselben Stoff beherrschen müssen wie Schüler einer Regelschule, erbringen sie logischerweise Leistungen. Der Weg zum Ziel ist lediglich ein anderer, der letztendlich auch nicht jedem gefallen muss, für viele Kinder jedoch genau der richtige ist.

## Kinder werden hart ins kalte Wasser der „Unabhängigkeit" gestoßen

Dieser Mythos steht in direktem Zusammenhang zum ersten hier behandelten Vorurteil. Die Unabhängigkeit beziehungsweise Selbsttätigkeit ist kein Becken voll sturmgepeitschten Wassers, in das die Kinder ohne Schwimmflügel geworfen werden. Montessori Erzieher, Lehrer und Begleiter sind keine Monster, sondern philosophiegetreu gebildete Helfer, die sich in die Rolle des Zuschauers und Beobachters zurücknehmen, wann immer ein Kind etwas allein vollbringen kann. Ja, Unabhängigkeit und Selbstständigkeit werden gefördert. Das findet allerdings in einer Form und in einem Rahmen statt, in dem sich das Kind sicher fühlen kann, genau weiß, dass es Fehler machen darf, und niemals den Druck verspürt, etwas um jeden Preis allein schaffen zu müssen. Die Kids wissen ganz genau, dass sie sich jederzeit an ihnen vertraute Menschen wenden können, wenn sie Unterstützung benötigen. Oftmals sind sie aber extrem froh darüber, einmal selbst probieren, scheitern, wieder versuchen und schließlich erfolgreich sein zu können. Es kostet logischerweise mehr Zeit, Kindern diese Freiheit zuzugestehen, als einfach einzugreifen und die Sache als Erwachsener für das Kind zu übernehmen. Deshalb braucht man zuweilen Geduld, die sich aus der Sicht des Kindes aber immer auszahlt.

## Montessori überfordert Kinder

Genau wie der Mythos zuvor, besteht auch hier wieder eine Verbindung zum ersten Absatz dieses Kapitels. Wenn ein Kind in einer Montessori Einrichtung klar überfordert ist, bekommt es die Hilfe eines Erziehers, Lehrers oder Begleiters, ohne dass dies negativ bewertet wird. Die Person, die Hilfestellung leistet, wird dem Kind jedoch nicht unbedingt die Lösung für das Problem, vor dem es steht, präsentieren. Sie wird ihm eher dabei helfen, selbst einen Lösungsweg zu finden, der zum Ziel führt. Kinder werden also gefördert, aber nicht überfordert. Ein konkretes Beispiel: Stellt man einen Schnürschuh mit dünnen Bändern vor ein Kind, das noch nie einen Schuh geschnürt hat, resultiert dies vermutlich in einer nicht zielführenden Überforderung. Anstatt dem Kind nun aber Tag für Tag die Schuhe zu binden, würde man ihm nach Montessori ein Paar mit dickeren und somit leichter zu handhabenden Schnürsenkeln besorgen und ihm in aller Ruhe – zum Beispiel mit geeignetem Montessori Material zur Vorbereitung – zeigen, wie das Schnüren funktioniert. Es geht nicht darum, Unmögliches von Kindern zu erwarten, sondern darum, Voraussetzungen zu schaffen, durch die es dem Kind absolut möglich ist, das zuvor Unmögliche zu bewerkstelligen.

## In Montessori Einrichtungen wird doch nicht viel gelernt

Egal ob Waldorfschule, Montessori oder ein anderes alternatives Bildungskonzept: Immer wieder lautet die unwissende Kritik, dass in solchen Einrichtungen doch nichts gelernt wird. Zumindest nicht so viel wie in einer „richtigen" Schule. Tatsächlich wird aber nicht weniger, sondern nur anders gelernt. Wer denkt, dass ein Kind geradegerichtet, geformt, standardisiert und gewissermaßen gezwungen werden muss, um etwas „Richtiges" zu lernen, wird womöglich niemals verstehen, wie das Konzept der Montessoripädagogik funktioniert. Dass Lernen nicht vorgegeben, in Bahnen mit festem Verlauf gepresst und erzwungen wird, bedeutet nicht, dass es nicht stattfindet. Nach Montessori werden Kinder dazu eingeladen, das zu lernen, was sie gerade interessiert und wofür sie offen sind. So können sie dazulernen, ohne dauerhaft aus ihrer Komfortzone gerissen und unter Druck gesetzt zu werden. Sie dürfen sich entfalten, sich Wissen aneignen und sich entwickeln – in ihrem eigenen Tempo, ihren persönlichen Interessen folgend und sich selbst organisierend. Würde man in Montessori-Schulen tatsächlich nichts lernen, gäbe es keine ehemaligen Montessori Schüler, die heute Juristen, Professoren und Medizinier sind. Die gibt es aber, womit die These, Montessori Schüler würden nichts „Richtiges“ und – was im Unterton mitschwingt – sehr viel weniger lernen, eindeutig widerlegt ist. In Bezug auf diese Kritik ist Kapitel 7 interessant, das einige Studien zum Lernstand und der Entwicklung von Montessori Schülern vorstellt.

### Montessori bereitet Kinder nur unzureichend auf das Leben als Erwachsene vor

Das kommt ganz darauf an, welche Kompetenzen man als wertvoll für das Erwachsenenleben einstuft. Angesichts dieses Vorurteils ist es mehr oder weniger sinnfrei, zu argumentieren und das Ganze in die Länge zu ziehen. Es bleibt eigentlich nur zu sagen: Möchte man seinem Kind einen Weg aufzeigen, auf dem es ein selbstreflektierter, selbstfürsorglicher, interessierter, seine Individualität kennen- und schätzender, frei denkender und persönlich entfalteter Erwachsener werden kann, ist Montessori nicht die einzige, aber definitiv eine gute Option.

### Montessori Kinder werden zu Erwachsenen, die sich nicht anpassen können

Fast jeder, der in irgendeiner Weise mit Montessori zu tun hat, hat diese Behauptung schon einmal gehört. Fakt ist, dass Kinder in Montessori Einrichtungen mehr eigene Entscheidungen treffen dürfen und sich weniger einer festen Struktur, die für alle gilt, unterwerfen müssen. Nun kann man daraus natürlich folgern, dass Kinder auf diesem Weg zu aufmüpfigen, sturen Wesen erzogen werden, die sich nichts sagen lassen und immer ihren eigenen Kopf durchsetzen müssen. Oder eben zu Erwachsenen, die sich ganz einfach schwer damit tun, sich beispielsweise an die festen Hierarchien und strukturierten Abläufe im Berufsalltag zu gewöhnen. Die Montessori-Lehre setzt dem die angeborene Anpassungsfähigkeit des Menschen entgegen. Kinder sind von Grund auf anpassungsfähige Wesen und streben in hohem Maße danach, sich ihrer Umgebung, ihren Eltern, ihren Freunden und den Erwartungen, die direkt oder indirekt an sie gestellt werden, anzupassen. Sie tun das zum Beispiel, indem sie Verhaltensweisen der

Eltern imitieren oder die Meinungen eines Freundes, den sie schätzen, übernehmen. Diese hohe Anpassungsfähigkeit und das schiere Bedürfnis, sich anzupassen, werden nicht zerstört, indem Individualität und Selbstständigkeit gefördert werden. Vielmehr werden der Anpassungsfähigkeit weitere wichtige Kompetenzen, wie die eben genannte Selbstständigkeit, die Selbstorganisation und das Selbstvertrauen, beigefügt.

## Die Montessori-Lehre ist viel zu alt, um noch aktuell zu sein

Die Ursprünge der Montessoripädagogik sind, wie du aus Kapitel 2 weißt, über 100 Jahre alt. Daher ist leicht nachzuvollziehen, wie Menschen zu der Ansicht gelangen, diese Bildungspädagogik wäre nicht mehr aktuell. Dabei wird jedoch vergessen, dass Montessori keinesfalls seit 100 Jahren gleich bleibt und sich nicht verändert hat. Natürlich ist die Philosophie dieselbe geblieben. Doch die Herangehensweisen und Materialien werden laufend von Pädagogen und Experten diskutiert, überprüft, überarbeitet und ergänzt. Erzieher und Lehrer, die nach Montessori arbeiten, haben die Möglichkeit – und teilweise auch die Pflicht –, sich dementsprechend fort- und weiterzubilden, um immer auf dem neusten Stand zu sein, ihre Fähigkeiten zu optimieren und neue Methoden kennenzulernen. Die Basis, etwa hinsichtlich der Betrachtung des Kindes, ist also geblieben, die einzelnen Elemente werden aber konsequent ob ihrer Aktualität und Eignung überprüft, gegebenenfalls korrigiert und angepasst. Aus diesem Grund besteht dieser letzte Mythos den Faktencheck nicht: Die Montessoripädagogik ist an und für sich zwar „alt“, aber dennoch aktuell.

# Kapitel 7: Studien zur Montessori-Methode

Du bist eine Person, die gerne Zahlen, Fakten und wissenschaftliche Untersuchungsergebnisse vorliegen hat? Dann solltest du dieses Kapitel keinesfalls überspringen. Wir unternehmen einen kleinen Ausflug in das Gebiet der Forschung und Wissenschaft und sehen uns einige Studien an, die sich der Montessoripädagogik – insbesondere der Kompetenzen und Leistungen von Montessori Schülern – widmen. Die aufgeführten Studien bilden keine vollständige Liste der bis dato erfolgten Untersuchungen zum Thema ab, sondern stellen eine Auswahl der populärsten, repräsentativsten und spannendsten Forschungsarbeiten dar. Du darfst also gespannt sein!

## VERA 2004: Vergleichsarbeiten 4. Grundschulklassen

Die Abkürzung VERA steht für das Wort Vergleichsarbeiten und betitelt ein Gemeinschaftsprojekt sieben deutscher Universitäten, das 2004 erstmals unter der Leitung der Universität Koblenz-Landau ausgetragen wurde. Heute werden diese Vergleichsarbeiten jährlich zwei Mal, im März für die dritten und im Mai für die achten Klassen, durchgeführt, wobei – je nach Regelung – die Länder, Kommunen und einzelnen Schulen entscheiden, ob und in welchem Umfang daran teilgenommen werden muss. Wir beschäftigen uns an dieser Stelle mit den Ergebnissen des Auftakts der VERA, der sich 2004 an die vierten Klassen wandte, und konzentrieren uns im Speziellen auf die Auswertungen des Landes Nordrhein-Westfalen. Warum? Ganz einfach: Dort befanden sich zum Zeitpunkt der 2004er Vergleichsarbeiten überdurchschnittlich viele Montessori-Schulen, die nicht in privater Hand waren. Im Rahmen der Vergleichsarbeiten, an denen insgesamt 12 nordrhein-westfälische Montessori-Schulen sowie zahlreiche Schulen mit anderem Pädagogikkonzept teilnahmen, wurden folgende Fächer beziehungsweise Kompetenzbereiche berücksichtigt:

| **Mathematik** | **Deutsch** |
| --- | --- |
| Sachrechnen | Rechtschreibung |
| Geometrie | Lesen |
| Arithmetik | Schriftliche Äußerung |
| | Sprachbetrachtung |

Um möglichst aussagekräftige Vergleiche ziehen zu können, wurden die teilnehmenden Klassen in vier sogenannte Kontextgruppen eingeteilt, welche hauptsächlich anhand besonders günstiger und besonders ungünstiger Lernbedingungen definiert wurden. Zu den Rahmenbedingungen für das Lernen zählten mitunter die Lage der Schule hinsichtlich sozialer Brennpunkte, der Anteil an deutschen Muttersprachlern unter den Schülern und die Klassengröße. Auf der Basis der vier Kontextgruppen und der sieben Kompetenzbereiche wurden schließlich 28 Vergleichspunkte (vier Kontextgruppen à sieben Kompetenzbereichen) erarbeitet. Um den Rahmen nicht zu sprengen, fassen wir die Ergebnisse der Vergleichsarbeiten vereinfacht in einer Tabelle zusammen:

| | Höher | Tendenziell höher | Gleich hoch | Niedriger |
| --- | --- | --- | --- | --- |
| Mathematik | 8 | 3 | 7 | 0 |
| Deutsch | 5 | 2 | 1 | 2 |

Die Tabelle bildet die Lernstände von Montessori Schülern der teilnehmenden Klassen im Vergleich zu gleichaltrigen Schülern aus nordrhein-westfälischen Regelschulen ab. Auch ohne den gesamten Hintergrund zu kennen, wird schnell deutlich, dass sich die Lernstände der Montessori Schüler sehen lassen konnten. Vor allem im Gesamtbereich der Mathematik schnitten diese Schüler gesamtheitlich mindestens gleich gut, in der Mehrheit sogar tendenziell besser oder deutlich besser ab. Die Lernstände in Deutsch bewegten sich mit Ausnahme zweier Vergleichsfälle ebenfalls zwischen „gleich hoch" und „höher" als die der gleichaltrigen Teilnehmer aus Regelschulen. Ein genauerer Blick auf die beiden Vergleichsfälle, die schlechtere Leistungen in Deutsch ergaben, zeigt, dass sich dieses Ergebnis auf den Bereich der schriftlichen Äußerung und der Rechtschreibung bezieht. Erzielt wurden diese „niedrigeren“ Lernstände überraschenderweise von Kontextgruppen mit günstigen Lernbedingungen.

## 2005: Die Milwaukee-Studie

Die Milwaukee-Studie, der wir uns nun zuwenden, beleuchtet nicht den jeweils momentanen Lernstand von Klassen, sondern die Langzeitwirkung der Montessori-Bildungspädagogik und ist daher ebenfalls höchst interessant. Die 2005 veröffentlichte amerikanische Studie, die von der Association Montessori Internationale in Auftrag gegeben und von einem unabhängigen Forschungsinstitut durchgeführt wurde, nahm sich eines Vergleichs zweier Schülergruppen an, die die Sekundarschule zwischen 1997 und 2001 an den Milwaukee Public Schools abgeschlossen hatten. Verglichen wurden die Leistungen von Schülern, die in der Vor- und Grundschulzeit eine Montessori-Bildung erhalten hatten, mit denen von Schülern ohne Montessori Hintergrund. Bei der Zusammensetzung der Gruppen wurden einige Faktoren, wie das Geschlecht und der sozio-ökonomische Status, berücksichtigt, sodass letztendlich möglichst angeglichene und ausgewogene Vergleichsgruppen zustande kamen. Wie bei solchen Untersuchungen üblich, konnten einzelne Einflussfaktoren, beispielsweise die Unterstützung beim Lernen durch die Eltern, nicht berücksichtigt werden, sodass kaum eine 100%-ige Vergleichbarkeit zu erreichen ist. Ähnlich wie VERA 2004, zeigte die Milwaukee-Studie gewisse Vorsprünge der ehemaligen Montessori Schüler auf, die sich interessanterweise auch hier in besonders hohem Maße auf den mathematischen Bereich bezogen.

## 2006: Vergleichsuntersuchung von Nicole Else-Quest und Angeline Lillard

Eine der wohl populärsten Studien zu den Leistungen von Montessori Schülern, die sich nicht nur den konkreten Schulfächern, sondern auch übergreifenden Kompetenzen, wie Kreativität und Sozialverhalten, widmet, wurde von den Wissenschaftlerinnen Angeline Lillard und Nicole Else-Quest durchgeführt. Auch in dieser Studie bildeten zwei Vergleichsgruppen die Grundlage: 30 fünfjährige aus Montessori-Kinderhäusern und 29 Montessori Schüler im Alter von 12 wurden derselben Zahl an Vorschülern und Schülern gegenübergestellt, die keinen Platz in Montessori Einrichtungen bekamen und somit „normale" Kindergärten und Regelschulen besuchten. Die Ergebnisse der Untersuchung halten wir in einer kurzen Zusammenfassung fest:

- In den Gruppen der Fünfjährigen fielen die Montessori Vorschüler durch bessere Leistungen im Rechnen und Lesen auf.
- Der Wortschatz und die Ausdrucksweise der Montessori Vorschüler stimmte in etwa mit dem Niveau der gleichaltrigen Vergleichsgruppe überein.
- In puncto kommunikative, selbstständige Problemlösung hatten die fünfjährigen Montessori Kinder die Nase vorn. So waren circa 43 % dieser Kinder gewillt, ein Problem mit einem anderen Kind durch Argumentation und Überzeugungsarbeit selbst zu lösen, während nur 18 % der Kinder aus der Vergleichsgruppe diesen Ansatz wählten.
- Die Leistungsunterschiede im Bereich der Mathematik fielen bei den Zwölfjährigen gering aus. So gering, dass von einem gleichen Lernstand beider Vergleichsgruppen gesprochen werden kann.
- Im Hinblick auf die Kreativität, den Satzbau, die Wortgewandtheit und die schriftliche Ausdrucksfähigkeit zeigte

die Untersuchung einen deutlichen Vorsprung der Montessori Schüler auf, die sich beispielsweise komplexerer Satzstrukturen und kreativerer Erzählweisen bedienten.

- Sowohl unter den Fünf- als auch unter den Zwölfjährigen punkteten die Montessori Kinder mit einem ausgeprägteren Sozialverhalten, einem stärkeren Streben nach friedlichen Problemlösungen und einer positiven Einschätzung der schulischen Gemeinschaft.

# Kapitel 8: Die Montessori Materialien

Die Montessori Materialien, die in Kapitel 1 erwähnt wurden, gehören in jede Montessori Einrichtung und haben mittlerweile auch Einzug in so manche Regelschule gehalten. Das Material richtet sich jeweils an Kinder verschiedener Altersstufen und zeichnet sich durch eine enorme Vielfalt aus, sodass es immer etwas Neues zu entdecken gibt. Natürlich eignen sich die Materialien nicht nur für den Einsatz in Kindergarten und Schule, sondern können auch Zuhause genutzt werden. In diesem Kapitel gehen wir genauer auf die Montessori Materialien ein und sehen uns einige besonders beliebte Stücke aus verschiedenen Kategorien im Detail an.

## Kriterien und Besonderheiten der Montessori Materialien

Heute ist die Auswahl an Montessori Materialien groß. Denn unter diesem Begriff laufen längst nicht mehr nur die Lernutensilien, die Maria Montessori zu ihrer Zeit selbst entwickelt hat. Montessori Pädagogen auf der ganzen Welt haben eigene Ideen umgesetzt, von denen sich manche langfristig durchgesetzt haben. Doch nicht jeder kann ein Lernmaterial einfach unter dem Namen Montessori vertreiben. Es gibt grundlegende Kriterien, die hierfür erfüllt sein müssen und die das Montessori Material zu etwas ganz Besonderem machen:

- ✓ Jedes Material hat einen bestimmten Zweck, soll also einen speziellen Lerninhalt vermitteln.
- ✓ Die Materialien bestehen aus natürlichen Stoffen, zum Beispiel aus Textilien, Holz, Stein oder Metall.
- ✓ Sie sind robust und somit langlebig.
- ✓ Gestaltung und Aufbau sind auf das kindliche Lernen abgestimmt, sodass eine kindgerechte Förderung mit den Materialien möglich ist.

✓ Im Rahmen der Möglichkeiten sollten die Materialien selbstständig vom Kind genutzt werden können.

✓ Einfache, klare Aufgabenstellungen sollen das Kind zum Ausprobieren, Nachdenken und Lösen einladen.

## Sinnesmaterial

Das Sinnesmaterial richtet sich zum größten Teil an Vorschüler, also an Kinder im Alter von vier bis sechs Jahren. Materialien dieser Kategorie wurden von Maria Montessori einst als „Schlüssel zur Welt" bezeichnet, da sie auf die sinnlichen Eindrücke, also auf das Sehen, Hören, Riechen, Tasten und Schmecken, abzielen und somit die Wahrnehmung der Welt in den Fokus stellen. Sinnesmaterial ist einfach aufgebaut und erlaubt es Kindern, Fehler selbst zu erkennen und zu korrigieren. Durch das Ansprechen der Sinne und die stille Aufforderung, diese zur Bearbeitung des Materials einzusetzen, werden mitunter die Motorik und die kognitiven Fähigkeiten gestärkt. Außerdem werden Kinder behutsam an das achtsame Erleben der Welt um sie herum herangeführt.

### *Der rosa Turm*

Der rosa Turm, der zu den bekanntesten Montessori Materialien überhaupt gehört, besteht aus zehn rosafarbenen Würfeln in unterschiedlichen, aufeinander aufbauenden Größen, die sich passend zur Größe in ihrem Gewicht unterscheiden. Die Aufgabe ist es, einen Turm aus den Würfeln zu bauen, wobei der größte und schwerste Würfel ganz unten und der leichteste und kleinste Würfel ganz oben liegt. Durch das Hantieren mit den Würfeln stellen Kinder recht zügig eine Relation zwischen Größe und Gewicht her, schulen ihre Feinmotorik und müssen sich ordentlich konzentrieren. Aufbauend eignet sich der rosa Turm zum spielerischen Üben der Zahlen sowie zum Verstehen der Bedeutung von Zahlen. So kann man das Kind zum Beispiel dazu auffordern, den dritten oder den fünften Würfel herauszusuchen oder aber beim Aufstellen und Abbauen des Turms jeden Würfel mitzuzählen. Optisch ergibt sich ein harmonisch abgestuftes Bild, sofern die Würfel in der richtigen Reihenfolge aufeinandergestapelt werden, sodass eine selbstständige Fehlerkontrolle leicht möglich ist.

### *Der magnetische Farbkreis*

Mit dem magnetischen Farbkreis lernen Kinder nicht nur erste Farben kennen, sondern finden auch heraus, welche Farben in Kombination welche „neue“ Farbe ergeben. Alles beginnt mit den drei Grundfarben: Rot, Blau und Gelb. Diese werden so aneinandergelegt, dass sie ein Dreieck bilden. Dann gilt es, zu überlegen: Wenn man Rot und Blau mischt, welche Farbe könnte dann dabei herauskommen? Das lilafarbene Kärtchen wird an Rot und Blau angefügt. In der dritten Ebene des Farbkreises kommen Zwischentöne dazu. Das Kind muss sich also Fragen: Welche Farbe passt beispielsweise zwischen Blau und Grün? Insgesamt arbeitet das Kind mit zwölf Farben auf magnetischen Kärtchen, die sich – in der richtigen Reihenfolge gelegt – zu einem dreistufigen Farbkreis kombinieren lassen. Ergänzend können kleinere Kärtchen, auf denen die Farben in Worten ausgeschrieben sind, hinzugenommen werden. Hierfür ist es jedoch nötig, dass das Kind bereits in der Lage dazu ist, einzelne Worte sicher zu lesen. Die Wortkarten sollen dann den jeweiligen Farbkarten zugeordnet und auf diesen platziert werden.

### *Der Fühlpfad*

Der Fühlpfad spricht die haptische Wahrnehmung, also den Tastsinn, an. Er besteht aus mehreren aneinandergereihten Holzrahmen, die mit unterschiedlichen Materialien, darunter zum Beispiel Kork, Seide und Teppich, ausgelegt sind. Der Pfad kann mit den Händen oder den nackten Füßen erkundet werden, wobei es sich empfiehlt, die Augen zu schließen. Kinder lernen mit diesem Material, genau zu tasten und haptisch fein zu differenzieren. Die Selbstkontrolle erfolgt ganz einfach durch das Öffnen der Augen.

## *Die Druckzylinder*

Die Druckzylinder vermitteln Vorschulkindern ein Gefühl für Druck und Widerstände. Gleichgroße Holzzylinder sind in der jeweils gleichen Anzahl mit Knöpfen in zwei verschiedenen Farben vorhanden. Es gibt also zum Beispiel fünf Zylinder mit roten und fünf Zylinder mit blauen Knöpfen. Je ein roter und ein blauer Zylinder erzeugen beim Drücken des Knopfs denselben Widerstand. Die Aufgabe des Kindes ist es, Zylinderpaare bestehend aus roten und blauen Teilen mit demselben Druckwiderstand zu bilden. Für die Selbstkontrolle sind Erkennungszeichen am Boden der Zylinder angebracht, sodass das Kind leicht nachsehen und so herausfinden kann, ob es ein richtiges Paar gebildet hat.

## *Die Wärmeleittäfelchen*

Bei den Wärmeleittäfelchen dreht sich alles um das Temperaturempfinden. Zum Material gehören mehrere Paare an Täfelchen aus unterschiedlichen Stoffen mit glatter Oberfläche, mitunter aus Glas, Metall und Holz. Das Kind versucht mit geschlossenen Augen anhand der Wärme der Tafeln zu erkennen, welche beiden Täfelchen jeweils aus dem gleichen Material gefertigt sind. So lernt es nicht nur die Bedeutung der Worte „warm", „kalt", „wärmer" und „kälter" kennen, sondern beschäftigt sich auch intensiv mit der haptischen Ebene von Temperaturunterschieden.

## *Die Geschmacks- und Geruchsfläschchen*

Hier ist der Name Programm: Das Material besteht aus mehreren Fläschchen, die verschieden riechende und schmeckende Substanzen – meist in flüssiger Form – enthalten. Das Kind riecht am Inhalt der Fläschchen oder träufelt sich einen Tropfen auf die Hand und leckt diesen ab, um den Geschmack zu erforschen. Dann beschreibt es den Geruch beziehungsweise den Geschmack und versucht herauszufinden, was genau in dem Fläschchen enthalten ist. Bei diesem Material ist zumeist keine selbstständige Fehlerkontrolle möglich, sodass ein Erwachsener in der Nähe sein sollte.

### *Die Geräuschdosen*

Wie nicht anders zu erwarten, sprechen die Geräuschdosen die auditive Wahrnehmung, also den Hörsinn, an. Holzdöschen sind jeweils paarweise mit unterschiedlichen Materialien, darunter Holzkugeln, Glasperlen und Metallstifte, gefüllt. Das Kind schüttelt die Döschen und ist dazu angehalten, Paare aus je zwei Döschen mit gleichem Inhalt zu bilden. Zur selbstständigen Fehlerkontrolle werden die Döschen geöffnet.

## Material für die Übungen des täglichen Lebens

Die Montessori Materialien dieser Kategorie vermitteln Kindern von drei bis sechs Jahren praktische Fertigkeiten. Der Sinn und Zweck des Ganzen ist dabei weniger auf deren direkten Nutzen im Alltag ausgelegt, sondern eher im Erleben, Empfinden und Verstehen – ganz unabhängig vom praktischen Zusammenhang – zu finden. Genau wie bei den Sinnesmaterialien, spielen auch hier die Achtsamkeit, die Wahrnehmung, die Konzentration und die Selbstkontrolle eine zentrale Rolle.

### *Die verschließbaren Rahmen*

Die verschließbaren Rahmen gibt es in verschiedenen Ausführungen, das Prinzip bleibt dabei aber immer gleich: Auf einem Holzrahmen sind zwei Stoffstücke angebracht, die in der Mitte verbunden werden sollen, damit eine geschlossene Oberfläche entsteht. Das Verbinden funktioniert, je nach Ausführung, beispielsweise mittels Druckknöpfen, Haken und Ösen, Klettverschluss, Schnüren oder Knöpfen. Mit diesem Material können sich Kinder folglich auf eigene Faust mit verschiedenen Verschlüssen vertraut machen. Klappt das Verschließen eines Reißverschlusses am Rahmen gut, kann das Erlernte in die alltägliche Praxis übertragen werden. Das Kind wird in diesem Fall dazu befähigt, sich selbst die Jacke zuzumachen.

## Das Schuhpuzzle

Das Schnüren von Schuhen fällt vielen Kindern schwer. Hier dient das Schuhpuzzle als praktische Vorübung, die das Binden mit dem spielerischen Aspekt des Puzzelns verbindet. Zuerst muss der Schuh aus wenigen Teilen zusammengepuzzelt werden, dann gilt es, die Schnürsenkel richtig zu kreuzen und schließlich eine Schleife zu binden. Sofern das Kind weiß, wie ein richtig gebundener Schuh aussieht, sieht es selbst schnell, wenn es einen Fehler gemacht hat.

## Das Modell für die Zahnpflege

Hierbei handelt es sich um ein vergrößertes Modell des menschlichen Gebisses, das normalerweise mit einer Zahnbürste geliefert wird. Es dient als praktisches Anschauungsmaterial, an dem das korrekte Zähneputzen erklärt und dann vom Kind selbst umgesetzt werden kann. Darüber hinaus eignet sich dieses Material, um die Anatomie des Mundes in ihren Grundzügen verständlich zu machen. Letztendlich kann sich das Kind nach einer Anleitung durch den Pädagogen selbst beibringen, die eigenen Zähne richtig zu putzen.

## Die Schraubbretter

Schraubbretter sind Bretter mit Löchern, in die Schrauben eingelassen sind. Diesen Brettern liegt ein passender Schraubenschlüssel bei, mit dem das Kind die Schrauben heraus- und hineindrehen kann. Das Material fördert die Geschicklichkeit und die Motorik, gehört allerdings nicht in Hände von Kindern unter fünf Jahren, da die Schrauben potenziell verschluckt werden können.

## Die Lernuhr

Du ahnst es sicherlich schon: Mit der Lernuhr soll das Kind lernen, die Uhr zu lesen. Auch dieses Montessori Material gibt es in verschiedenen Ausführungen, die sich hauptsächlich in der farblichen Gestaltung und der Größe unterscheiden. Das Ziffernblatt besteht normalerweise aus Holz und verfügt über zwei bewegliche Zeiger. Die Uhrzeiten sind wie gewohnt angeschrieben, wobei die Ziffern oft herausgenommen und ausgetauscht werden können. Dann ist es möglich, die Zahlen von 1 bis 12 durch 12 bis 24 zu ersetzen. Das Kind kann die Zeiger selbst bewegen und dann versuchen, die angezeigte Uhrzeit abzulesen. Allerdings kann es das Lesen der Uhr nicht vollkommen selbstständig erlernen, sondern muss die Bedeutung der Zeiger zunächst erklärt bekommen.

### *Die Greifübung*

Bei der Greifübung, die kleine Kinder ab drei Jahren anspricht, sollen große Murmeln gegriffen und von einer Schale in eine zweite gelegt werden. Die einfache Übung schult die Motorik und die Augen-Hand-Koordination und fördert die Kinder im sicheren Greifen und Bewegen von Gegenständen.

### *Die Pinzettenübung*

Bei dieser Übung geht es darum, kleine Kugeln aus Metall oder Holz mit einer Pinzette zu greifen und in ein Schälchen zu befördern. Ungeübte Kinderhände werden damit vor eine nicht zu unterschätzende Herausforderung gestellt, die zu bewältigen einiges an Geduld fordern kann. Die Pinzettenübung findet auf einem Tablett statt, das verhindert, dass die Kügelchen davonrollen und verloren gehen.

### *Die Schwammübung*

Die Schwammübung hilft Kindern dabei, Mengenangaben in Bezug auf Flüssigkeiten zu verstehen und kontrolliert mit Wasser umzugehen. Ein Schwamm wird in Wasser getaucht und über einem Messbecher ausgewrungen. Materialien dieser Art beinhalten meist mehrere Messbecher, sodass das Kind zum Beispiel versuchen kann, gleich viel Wasser in alle Messbecher zu füllen. Begriffe wie „das Doppelte“, „die Hälfte“ oder „ein Viertel“ können so einfach eingeführt werden. Gleichzeitig hat das Hantieren mit Wasser und Schwamm einen haptischen Effekt, verändert sich die Textur des Schwammes doch, sobald dieser Wasser aufnimmt oder verliert.

# Sprachmaterial

Das Sprachmaterial umfasst Materialien zum Lernen des Sprechens, vor allem aber zur Förderung der Fähigkeiten, die in Zusammenhang mit dem Lesen und Schreiben stehen. Diese Materialien überfordern Kleinkinder leicht, weshalb sie größtenteils für die Altersstufe der Fünf- bis Achtjährigen gedacht sind. Dennoch gibt es vereinzelt Sprachmaterial, das sich für Kinder im Alter zwischen drei und fünf Jahren eignet.

## *Das Sandtablett*

Zu den eben angesprochenen Materialien für jüngere Kinder ab drei gehört das Sandtablett. Wie die Bezeichnung nahelegt, handelt es sich hierbei um ein Tablett mit einer dünnen Sandschicht. Das Kind nutzt seine Finger, um im Sand zu malen, Linien zu ziehen, Formen zu zeichnen und später erste Buchstaben zu schreiben. So kann das Schreiben geübt werden, ohne dass ein Stift, der anfangs oftmals eher behindert als unterstützt, benötigt wird.

## *Die Nachspurtafeln*

Nachspurtafeln sind Holztafeln mit Einkerbungen, welche mit einem Holzstück in Stiftform nachverfolgt werden sollen. Sie eignen sich gut zum Ausführen erster Schwungübungen und zum Kennenlernen der Stifthaltung und -führung. Die Einkerbungen geben einen klaren Weg vor und machen es dem Kind dadurch leicht, in der Spur zu bleiben. Nachspurtafeln gibt es zum Beispiel mit einfachen und gezackten Linien, Wellen und Formen sowie mit Druckbuchstaben.

## *Das bewegliche Alphabet*

Das bewegliche Alphabet besteht aus den Groß- oder Kleinbuchstaben von A bis Z, die jeweils als flache Holzausschnitte vorliegen. Das Kind ist dazu angehalten, die Buchstaben zu erkennen, auszusprechen und Worte damit zu legen, die es dann wiederum zu lesen und auszusprechen versucht. Das bewegliche Alphabet bietet sich für eine Vielzahl leichter Übungen rund um Buchstaben und Wörter an und kann dementsprechend sehr vielseitig eingesetzt werden.

### *Die Wortkartensymbole*

Um Kindern die Stellung verschiedener Wortarten im Satz zu vermitteln, wird bei Montessori mit sogenannten Wortkartensymbolen gearbeitet. Jede Wortart ist einem Symbol zugeordnet. Das Nomen ist so beispielsweise immer ein schwarzes Dreieck, das Verb ein roter Kreis und die Konjunktion ein pinker Balken. Diese Symbole gibt es als Aufkleber, sodass das Kind sich einen Satz vornehmen und die Symbole über oder unter den einzelnen Worten anbringen kann. Zur Übung gibt es passende Wortartenbücher, in denen ausreichend Platz zum Kleben der Symbole gegeben ist. Viele dieser Übungsbücher enthalten Lösungen, sodass eine selbstständige Fehlerkontrolle möglich ist. Trotzdem benötigt das Kind anfangs eine gewisse Anleitung und Erklärung, um sich zurechtzufinden und später unabhängig mit den Wortkartensymbolen arbeiten zu können.

### *Der Satzstern*

Der Satzstern ist ein Syntax-Baukasten. Er setzt sich aus verschiedenfarbigen Pfeilen, die zum Beispiel mit „Wozu? / Wofür?“, „Welcher? Welche? Welches?“ oder „Wer? / Was?“ beschriftet sind, und den gängigen Wortkartensymbolen zusammen. Die Bausteine werden sternförmig angeordnet, sodass die Pfeile jeweils zum zugehörigen Wortkartensymbol zeigen. Der Satzstern dient dem Kind als Orientierungshilfe, bringt ihm die Logik des Syntax näher und hilft ihm dabei, Sätze in ihre Bestandteile zu zerlegen.

# Mathematisches Material

Sucht man nach Montessori Material, stößt man insbesondere im Bereich der Mathematik auf eine riesige Auswahl. Vom Erlernen der ersten Zahlen über einfache Addition und Bruchrechnen bis hin zur Geometrie begleiten die Materialien Kinder altersgerecht und ansprechend auf ihrem Weg hin zum umfassenden Verständnis der Mathematik.

## *Die Nachspurzahlen*

Mit den Nachspurzahlen wird das Prinzip der Nachspurtafeln aus der Kategorie Sprachmaterial aufgegriffen und ins Mathematische übertragen. Anstelle von Linien oder Buchstaben werden nun eben die Zahlen von 0 bis 9, die in kleine Brettchen eingekerbt sind, mit einem Holzstift nachgefahren.

## *Der Zahlenstrahlteppich*

Der Zahlenstrahlteppich ist der Favorit vieler Kinder zwischen drei und sechs Jahren und dient der besseren Orientierung im Zahlenraum von 1 bis 10. Zum Material gehört zum einen ein länglicher Teppich, der durch farbliche Markierungen in zehn gleichgroße Abschnitte geteilt ist. Ergänzt wird der Teppich durch Säckchen in zehn verschiedenen Farben. Jede Farbe steht für eine Zahl zwischen 1 und 10 und entsprechend viele Säckchen gibt es von dieser Farbe. Sprich: Es gibt zum Beispiel drei rosa Säckchen, weil diese für die Zahl 3 stehen, und zehn goldfarbene Säckchen, die die Zahl 10 repräsentieren. Das Material kann auf viele verschiedene Arten eingesetzt werden. Eine beliebte Übung mit dem Zahlenstrahlteppich, der für zahlreiche Übungen taugt, funktioniert folgendermaßen: Die Säckchen werden neben den Teppichabschnitten von 1 bis 10 aufgereiht. Neben dem ersten Abschnitt liegt folglich nur ein Säckchen, neben dem zehnten liegen zehn Säckchen aufgereiht aneinander. Das Kind springt nacheinander über die Abschnitte inklusive der zugehörigen Säckchen und kann so wahrnehmen, dass die Zahlen immer größer werden – schließlich muss es mit jedem Teppichabschnitt ein bisschen weiter springen.

### *Das Bruchteil-Sortierbrett*

Das Bruchteil-Sortierbrett ist ein Brett mit vier bunten Kreisen, die im Ganzen, als Hälften oder als Viertel herausgenommen und eingesetzt werden können. Das Material vermittelt Kindern ein Verständnis für Bruchteile und eignet sich schon für die „ganz Kleinen" ab zwei Jahren.

### *Der Rechenkreis*

Der Rechenkreis gehört in vielen Montessori Einrichtungen zur Grundausstattung und kann von bis zu vier Kindern gleichzeitig genutzt werden. Es handelt sich dabei um einen Teppich mit vier Ringen in unterschiedlichen Farben, der in zehn Abschnitte unterteilt ist. Diese Abschnitte beherbergen jeweils eine Zahl zwischen 0 und 9. Mit diesem Material, dessen genaue Funktionsweise zu erklären vorerst wenig Sinn ergibt, haben Kinder die Möglichkeit, Rechenaufgaben der Addition, Subtraktion, Multiplikation und Division gemeinsam und unter aktivem Einsatz ihres Körpers zu lösen.

### *Die blauen Dreiecke*

Dieses Material lädt Kinder dazu ein, verschiedene geometrische Formen aus unterschiedlich großen Dreiecken zu bilden. Werden zwei oder drei Dreiecke an ihren gleichlangen Seiten zusammengelegt, entsteht zum Beispiel ein Quadrat, ein Rechteck oder ein Trapez. Vorschulkinder lernen hier spielerisch erste geometrische Formen kennen und können sich dabei laufend selbst kontrollieren. Denn nur wenn die Dreiecke an gleichlangen Seiten zusammengelegt werden, erhält man eine neue, optisch stimmige Form.

### *Das Geobrett*

Das Geobrett ist ein Holzbrett mit vielen Löchern, in denen passende Holzstifte befestigt werden können. Durch das richtige Platzieren der Stifte und das Spannen eines Gummibands werden geometrische Formen erstellt. Zum Brett gehören Aufgabenkarten, die das gewünschte Endergebnis vorzeigen. Das Geobrett schult die Koordination und die Motorik, stärkt die Konzentration und verbessert die Raum-Lage-Wahrnehmung. Die verschiedenen Aufgabenkarten bringen Abwechslung ins Spiel und sorgen so dafür, dass Kinder das Brett immer wieder zur Hand nehmen können, ohne dass Langeweile aufkommt.

## Kosmisches Material

Nun kommen wir zum Montessori Material, mit dem im Sinne der kosmischen Erziehung, deren Hintergründe du aus Kapitel 5 kennst, gearbeitet wird. Das kosmische Material soll Kindern den Kosmos, die Welt, die immergleichen Vorgänge darin und deren Zusammenhang näherbringen. Auch in diesem Bereich gibt es wieder Material für Kindergarten- und Vorschulkinder sowie für Kinder im Grundschulalter.

### *Der Lernkalender*

Der Lernkalender ist ein Material, das Kinder in Montessori Einrichtungen täglich begleitet. Er besteht aus einem Holzbrett mit Holzstiften, auf die kleinere Holztäfelchen aufgesteckt werden können. Diese kleinen Tafeln zum Aufstecken sind mit Zahlen für Datumsangaben, den Wochentagen, den Monaten und den vier Jahreszeiten beschriftet. Das Kind hat einmalig die Aufgabe, das komplette Brett richtig mit Täfelchen zu bestücken. Anschließend soll es daran denken, täglich das Datum und den Wochentag, monatlich den Monat und etwa vierteljährlich die Jahreszeit auszuwechseln. Der Lernkalender ist in verschiedenen Sprachen, darunter Italienisch, Französisch, Englisch, und natürlich Deutsch, verfügbar. Er kann also auch dazu genutzt werden, die Monate und Wochentage in diesen Sprachen zu erlernen und täglich ein bisschen zu üben.

### *Der Zeitstrahl*

Der Zeitstrahl ist im Grunde ein breites Band, das auf zwei hölzernen Rollen aufgerollt und zwischen diesen gespannt werden kann. Komplett ausgebreitet, bildet er die Jahrhunderte zwischen 2000 v. Chr. Und 2100 n. Chr. ab. Dieses Material wird von Pädagogen unter anderem gerne genutzt, um Kindern die Abstände zwischen zwei historischen Ereignissen aufzuzeigen und ihnen ein Gefühl für chronologische, zeitgeschichtliche Abläufe zu vermitteln.

### *Das Band der Erdgeschichte*

Möchte man einem Kind anschaulich aufzeigen, wie lange die Erde bereits existiert, bietet sich das Band der Erdgeschichte an. Das schwarze, 4,60 m lange Baumwollband stellt die Zeit vom Auftreten erster Lebensformen auf dem Planeten Erde bis heute dar, wobei 1 mm des Bandes einer Million Jahre entspricht. Das Band endet mit 3 mm rotem Stoff, der für die Zeitspanne, in der wir Menschen auf der Erde wandeln, steht. Bestückt mit Bildern, Figuren, Fotos, Versteinerungen, Zeitalterkarten oder Zeichnungen von Tieren, dient das Band der Erdgeschichte als vielseitig einsetzbares Material, das von den Kindern selbst gestaltet werden kann und sie mit dem langen Weg der Evolution auf der Erde vertraut macht.

### *Der Kreis der vier Elemente*

Beim Kreis der vier Elemente geht es darum, Kinder dazu anzuregen, sich mit den vier Elementen auseinanderzusetzen und gegebenenfalls ein Interesse für diese zu entwickeln. Der Kreis besteht aus beschrifteten Teilen, auf denen logischerweise „Erde“, „Feuer“, „Wasser“ und „Luft“ zu lesen ist, sowie aus Fotografien, die zu diesen Elementen passen. Im Kreis gelegt, sind die passenden Bilder jeweils unter den ausgeschriebenen Elementen anzuordnen. Die leeren Bereiche im äußeren Kreis sind dazu gedacht, dem Kind Raum für eigene Ideen,

Assoziationen und Überlegungen zu geben. Neben „Wasser“ könnte das Kind zum Beispiel auf „Wellen“, „Leben“, „Trinken“ und „Pflanzen“ kommen. Möchte man eine Fremdsprache einführen, könnte auch das fremdsprachliche Wort für „Wasser“ den leeren Raum füllen.

### *Die Stundenkette*

Die Stundenkette ist eine Kette, die sich aus großen 5-Minuten-Perlen, mittelgroßen Minutenperlen und kleinen blauen Sekundenperlen zusammensetzt. Insgesamt reihen sich bei diesem Material 3.600 Perlen aneinander. Auf 59 Sekundenperlen folgt eine Minutenperle und nach fünfmal 59 Sekundenperlen, unterbrochen durch vier Minutenperlen, markiert eine große Perle das Ende eines Fünfminutenabschnitts. Das Kind kann also sowohl optisch als auch haptisch erfahren, wie aus Sekunden eine Minute wird, wie aus einer Minute fünf Minuten werden und wie zwölf 5-Minuten-Perlen schließlich eine ganze Stunde ergeben.

### *Der Wochenkreis*

Der Wochenkreis aus Fleece besitzt sieben gleich große Abschnitte in verschiedenen Farben, die jeweils einen Tag repräsentieren. Dazu gibt es Legematerial, zum Beispiel:

- Planeten, um den Zusammenhang zwischen den Wochentagen und den Planeten aufzuzeigen
- Schrift der Wochentage, gegebenenfalls in mehreren Sprachen
- Symbole für Termine, die an einem Wochentag anstehen (z.B. ein Herbstblatt, wenn Deko für die Herbstfeier im Kindergarten gebastelt werden soll)
- Ein Symbol für die Mitte des Kreises, das z.B. für das steht, was in dieser Woche Priorität hat

Abgesehen davon gibt es auch Montessori Material für die Bereiche der Biologie und der Geografie sowie Perlenmaterial und Material für die Übungen der Stille. Wie du bereits festgestellt hast, können viele Materialien problemlos Zuhause verwendet werden. Andere eigenen sich eher für den Einsatz in Montessori-Kinderhäusern und Schulen. Im Endeffekt wurde also an alle – sowohl Lehrer und Erzieher als auch an die Eltern – gedacht und jeder, der nach Montessori vorgehen möchte, findet Materialien, die er in seiner individuellen Lage und in der Rolle, in der er sich befindet, verwenden kann.

## Das Wichtigste in Kürze

- ✓ Montessori Materialien sind aus natürlichen Stoffen gefertigt, an das kindliche Lernen angepasst und präsentieren eine klare Aufgabenstellung.
- ✓ Sie zielen auf die selbsttätige Bearbeitung durch das Kind ab, wobei die Möglichkeit der selbsttätigen Fehlerkontrolle gegeben sein sollte.
- ✓ Montessori Materialien gibt es in den Kategorien Sprachmaterial, mathematisches Material, Übungen des täglichen Lebens, Sinnesmaterial, Material für die kosmische Erziehung, Perlenmaterial und Übungen der Stille sowie für die Lernbereiche Geografie und Biologie.

# Kapitel 9: Vorbereitung – Räume, Material und Begleiter

Dieses Kapitel ist für dich möglicherweise uninteressant, sofern du dieses Buch als Elternteil liest und nicht als Pädagoge, Erzieher oder Lehrer. Im Folgenden geht es nämlich um die Vorbereitung von Räumen, Montessori Materialien und Begleitern, sodass Kapitel 9 eher Menschen anspricht, die in Montessori Einrichtungen arbeiten. Dennoch kann das Lesen des Kapitels auch für Eltern, die ihre Kind womöglich in einer Montessori Einrichtung unterbringen möchten, lohnenswert sein.

## Der vorbereitete Raum

*„Die Aufgabe der Umgebung ist es nicht, das Kind zu formen, sondern ihm zu erlauben, sich zu offenbaren."*

**– Maria Montessori**

Der vorbereitete Raum, soll ein Raum sein, der nicht trist, dunkel und farblos, sondern gemütlich und einladend ist. Er ist darauf ausgerichtet, dass Kinder in ihm ankommen und sich sofort wohlfühlen können. Die folgenden Punkte stellen die zentralen Aspekte dar, die einen Raum zu einem vorbereiteten Raum nach Montessori machen:

### Die Gestaltung des Raums

Der Raum, in dem Kinder stressfrei lernen sollen, muss Freundlichkeit ausstrahlen. Dunkle, schwere Möbel, kleine Fenster und vergilbte Wandfarben sind hier fehl am Platz. Dafür kann mit fröhlichen, hellen Wandfarben, großen Fenstern, die Tageslicht hereinlassen, Möbeln aus hellem, unaufdringlichen Holz und ein paar Pflanzen für Gemütlichkeit und ein besseres Raumklima ein echter Wohlfühlort geschaffen werden, in dem sich die Kinder gerne aufhalten. Und wenn dann noch ein Platz erübrigt werden kann, kann vielleicht sogar ein Klassen- oder Gruppenhaustier einziehen.

## *Die Raumaufteilung*

Hinsichtlich der Raumaufteilung sind diese Punkte wegweisend:

- ✓ Möglichst mittig im Raum sollte ein großer Tisch stehen, an dem gemeinsam gearbeitet, eine Morgenrunde abgehalten oder ein wichtiges Thema besprochen werden kann.
- ✓ Es sollten ausreichend Regale vorhanden sein, in denen die Montessori Materialien untergebracht werden können.
- ✓ Das Platzieren der Regale sollte überlegt angegangen werden. Im Idealfall bilden sie das direkte Umfeld von kleinen Lernecken, in denen die Kinder das Material, das sie aus den Regalen genommen haben, in Ruhe bearbeiten können.
- ✓ Die Regale sind nicht etwa verschlossen, sondern offen, sodass die Kinder selbstständig Material herausholen können.
- ✓ Tische und Stühle sollten – ausgenommen des großen Tisches in der Mitte – so beschaffen sein, dass die Kinder sie selbst von A nach B bringen können.

## *Die Ordnung als A und O*

Getreu der Ansicht, dass äußere Ordnung im Raum die innere Ordnung im Kind begünstigt, muss der Raum immer ordentlich gehalten sein. Sprich: Herausgenommene Materialien werden nicht nur pfleglich behandelt, sondern müssen nach der Nutzung an ihren Platz zurückgebracht werden. Abfälle, zum Beispiel vom Basteln, sind zu entsorgen, weshalb der vorbereitete Raum unbedingt einige Mülleimer beinhalten muss.

### *Sinn und Zweck von Dekorationen*

Wer schon einmal einen Kindergarten, der nicht nach Montessori arbeitet, betreten hat, weiß, dass die Fenster und Wände solcher Einrichtungen oftmals reichlich mit Deko, Bildern, Bastelarbeiten und Co. bestückt sind. Daran ist eigentlich nichts auszusetzen, in Montessori Einrichtungen wird dies jedoch etwas anders gehandhabt. Zwar gibt es auch hier nette Dekorationen, allerdings ganz nach dem Motto „weniger ist mehr“. Denn: Zu viel des Guten wirkt ablenkend und ist somit nicht gerade förderlich für die Konzentration. Die Wände werden in Montessori Einrichtungen daher vorrangig dafür genutzt, einige wenige Lernposter aufzuhängen.

## Das vorbereitete Material

Hier geht es selbstverständlich um das Montessori Material, das in jeder Montessori Einrichtung reichlich vorhanden ist. Die Materialien werden aber keinesfalls einfach unbedacht und ohne System angeschafft und in Kisten gepackt. Stattdessen werden folgende Überlegungen angestellt:

### *Der Umfang*

Wie viel Material wird gebraucht? Das kommt zunächst einmal darauf an, wie viele Kinder in der Einrichtung betreut werden und wie groß der Altersunterschied unter den Kindern ist. Was genau vorhanden ist, unterscheidet sich von Einrichtung zu Einrichtung, auch wenn einige besonders hilfreiche Materialien zur Grundausstattung gehören. Es gilt, zu überlegen, von welchen Montessori Materialien die in einer Einrichtung betreuten Kinder am meisten profitieren können. Hier kann mehr tatsächlich mehr sein. Denn eine große Vielfalt ermöglicht den Kindern, ihre Interessen freier zu erkunden, mehr auszuprobieren und letztendlich mehr mitzunehmen.

### *Die Anzahl*

Wie oft sollte ein und dasselbe Material in einer Einrichtung beziehungsweise in einem Raum einer Einrichtung vorhanden sein? Handelt es sich um eine kleine Gruppe mit maximal 15 Kindern, genügt ein Exemplar jedes Materials vollkommen. Warum? Ganz einfach: Auf diese Weise gibt es immer wieder Situationen, in denen ein Kind geduldig abwarten oder sich eine Alternative suchen muss, bis ein anderes Kind mit dem Material, das das erstgenannte Kind eigentlich gerne haben würde, fertig ist. Greifen zwei Kinder zur gleichen Zeit nach einem Material, entsteht ein möglicher Konflikt und die Kinder bekommen die Chance, miteinander zu sprechen, zu argumentieren, Kompromisse einzugehen und Lösungen zu finden. Ein scheinbares „zu wenig" an Material kann also zur Entwicklung wichtiger Kompetenzen, zum Beispiel Fairness, Kompromissbereitschaft und Problemlösungsfindung, beitragen.

### *Die Aufbewahrung und Anordnung*

Thematisch gegliedert in Regalen, sind die Materialien doch perfekt aufgehoben. Oder etwa nicht? Tatsächlich ist da noch Luft nach oben. Damit alle Kinder das für sie interessante Material erreichen können, sollten die Materialien für Kinder niedriger Altersstufen unten im Regal eingeräumt werden. Die größeren Kinder finden ihr „anspruchsvolleres" Material dann eine Etage höher.

## Der vorbereitete Begleiter

Pädagogen, Erzieher und Lehrer verstehen ihr Handwerk, keine Frage. In Montessori Einrichtungen werden sie dazu angehalten, nach diesen Grundsätzen und Richtlinien zu arbeiten:

### *Die Haltung*

Jedes Kind wird als Individuum wahrgenommen. Als solches hat es unabhängig vom Alter eigene Einstellungen, Wünsche, Bedürfnisse,

Stärken und Ziele. Egal wie diese aussehen, tritt der Begleiter dem Kind mit Respekt und Wertschätzung entgegen. Das ändert sich auch nicht, wenn sich das Kind „widersetzt“ oder wenn es sich „schwierig“ verhält. Respekt und Wertschätzung sind die feste Basis, auf der der Umgang zwischen Begleiter und Kind steht.

## *Die Regeln*

Anders als uninformierte Menschen oft annehmen, gibt es auch in Montessori Einrichtungen klare Regeln. Diese betreffen beispielsweise den Umgang untereinander und den Umgang mit den Materialien. Der Begleiter ist in der Pflicht, darauf zu achten, dass die vereinbarten Regeln von allen Kindern verstanden, akzeptiert und eingehalten werden. Vergisst ein Kind zum Beispiel, ein Material nach dem Gebrauch an seinen Platz zurückzustellen, ist es die Aufgabe des Begleiters, das Kind daran zu erinnern.

## *Der Beobachter*

> *„Er [der Lehrer] muss passiv werden, damit das Kind aktiv werden kann.“*
>
> **- Maria Montessori**

In weiten Teilen fungiert der Begleiter als Beobachter. Er nimmt sich zurück, ermöglicht den Kindern eine selbstständige Beschäftigung und beobachtet sie, ohne sie zu stören. Er ist immer anwesend und aufmerksam, hält sich aber tendenziell eher im Hintergrund. Das Beobachten verrät ihm einiges über die Kinder, deren Interessen und deren Verhaltensweisen. Denn zu beobachten heißt nicht, nichts zu tun und darauf zu warten, dass etwas passiert. Es bedeutet vielmehr, die Kinder achtsam zu betrachten und wahrzunehmen, wie jedes dieser kleinen Individuen „tickt“.

## Der Helfer

Der Begleiter ist in erster Linie Beobachter, aber auch Helfer. Kommt ein Kind selbst nicht weiter, kann es sich sicher sein, dass es ganz ohne Scham um Hilfe bitten kann. Der Begleiter handelt dann nach dem Grundsatz „Hilf mir, es selbst zu tun." Er nimmt dem Kind die Aufgabe nicht ab, sondern leitet es dazu an, sie selbst bewältigen zu können. Das kostet mehr Zeit, stellt für das Kind jedoch eine wirklich wertvolle Hilfe dar, die es nicht nur im konkreten Moment, sondern auch darüber hinaus weiterbringt.

## Das Lernmaterial

Selbstverständlich muss der Begleiter die Montessori Materialien kennen und wissen, wie diese eingesetzt werden können. Er ist informiert darüber, in welchen sensiblen Phasen mit welchen Materialien der maximale Lerneffekt erzielt werden kann. Durch das Beobachten erkennt er die sensiblen Phasen und den Lernstand der Kinder und kann ihnen gegebenenfalls Materialien vorschlagen, die dazu passen.

## Die 3-Stufen-Lektion

Beim Erklären eines neuen Materials gehen Montessori Begleiter nach der 3-Stufen-Lektion vor. Der dreischrittige Prozess gestaltet sich folgendermaßen:

### Stufe 1: Das Benennen

Der Begleiter benennt das Material mit einfachen Worten und gibt dem Kind die Möglichkeit, es sich ganz genau anzusehen, es zu berühren und gegebenenfalls daran zu riechen, es zu schütteln oder in der Hand zu halten. Als Beispiel nehmen wir einmal an, es ginge um den Buchstaben A aus dem beweglichen Alphabet. Der Begleiter sagt also: „Das ist der Buchstabe A" und übergibt den Buchstaben zum Kennenlernen an das Kind.

### Stufe 2: Das Wiedererkennen

In der zweiten Stufe, die nicht unbedingt direkt auf die erste folgen muss, möchte der Begleiter herausfinden, ob das Kind den Lerninhalt der ersten Stufe bereits verstanden hat. Er legt also beispielsweise das A sowie einige weitere Buchstaben vor dem Kind aus und bittet es dann, den Buchstaben A hochzuheben. Gelingt dies noch nicht, muss Stufe 1 wiederholt werden.

### Stufe 3: Das Beherrschen

In der dritten Stufe soll das Kind das Material selbst benennen. Der Begleiter hebt also das A hoch und fragt das Kind, was er da in der Hand hält. Kann das Kind diese Frage noch nicht beantworten, gilt es, wieder einen Schritt zurück zu machen und bei Stufe 2 weiter zu üben.

## Das Wichtigste in Kürze

- ✓ Ein vorbereiteter Raum ist eine Umgebung, in der sich die Kinder wohlfühlen und entsprechend entspannt und stressfrei lernen können.
- ✓ Der Raum soll freundlich und einladend wirken, über einen großen Tisch für Besprechungen und gemeinsame Aktivitäten verfügen, Lernecken bereithalten und genügend Stauraum für die Montessori Materialien bieten.
- ✓ Eine Montessori Einrichtung sollte ein vielfältiges Angebot an Materialien aufweisen, wobei ein und dasselbe Material je nach Anzahl der betreuten Kinder nur ein- bis zweimal vorhanden sein muss.
- ✓ Die Materialien sind so aufzubewahren, dass sie von den Kindern selbst ausgesucht, herausgenommen und wieder aufgeräumt werden können.

- ✓ Der Begleiter, also der Lehrer oder Erzieher, versteht sich in erster Linie als aufmerksamer Beobachter und wird gegebenenfalls zum Helfer, wenn ein Kind selbst nicht weiterkommt. Dann lautet die Devise: „Hilf mir, es selbst zu tun.“
- ✓ Er tritt den Kindern stets mit Wertschätzung und Respekt entgegen und erkennt sie als Individuen an.
- ✓ Der vorbereitete Begleiter kennt die vorhandenen Montessori Materialien und kann unter Umständen Vorschläge machen, die zur sensiblen Phase und dem individuellen Lernstand des Kindes passen.
- ✓ Seine Aufgabe ist es außerdem, Regeln einzuführen und für deren Umsetzung zu sorgen.
- ✓ Kommt ein neues Material ins Spiel, bedient sich der Begleiter der 3-Stufen-Lektion, um dieses vorzustellen und dessen Gebrauch zu erklären.

# Kapitel 10: Montessori im Alltag

Eltern, die ihre Kinder in Montessori Einrichtungen untergebracht haben, haben zumeist ein großes Interesse daran, möglichst viel „Montessori" Zuhause im Alltag mit ihrem Kind unterzubringen. Und auch Eltern von Kindern, die Regelschulen besuchen, streben in den eigenen vier Wänden manchmal bewusst eine Erziehung nach Montessori an. Zugegeben: Es ist nicht ganz einfach, den Alltag dementsprechend zu führen und sich als Mensch ohne pädagogisches Studium einzufinden. Doch wer sich sicher ist, dass eine Erziehung nach Montessori genau das Richtige für sein Kind ist, kann lernen, den gemeinsamen Alltag in diesem Sinne zu gestalten. Dieses Kapitel gibt dir einige Tipps, Hinweise und Methoden an die Hand, die dich und dein Kind dabei unterstützen, Gedanken, Ansätze und Richtlinien nach Montessori in eurem Alltag willkommen zu heißen.

## Die Wohnung als vorbereitete Umgebung

Natürlich ist eine Wohnung keine Montessori Einrichtung und es ist nicht immer möglich, das eigene Zuhause zu einer entsprechend vorbereiteten Umgebung zu machen. Und auch das, was sich machen lässt, kann selten an einem Tag erledigt werden. Deshalb ist es sinnvoll, Schritt für Schritt vorzugehen. Schließlich soll das Vorbereiten der heimischen Umgebung Spaß machen und keinen Stress verursachen. Zu Beginn gilt es, Antworten auf diese Fragen zu finden:

1. Welche Räume nutzt mein Kind?

Als Erstes nennen Eltern hier fast immer das Kinderzimmer. Daneben werden zumeist das Wohnzimmer, die Küche und das Badezimmer genannt. Der Flur wird oft vergessen, wird er doch nicht als „richtiger" Raum angesehen. Dort befinden sich aber normalerweise Jacken und Schuhe, die dem Kind gehören, wonach es auch den Flur nutzt.

### 2. Gibt es Räume, die es überhaupt nicht nutzt?

In den meisten Wohnungen gibt es auch Räume, die das Kind gar nicht nutzt. Beispiele hierfür sind das Büro, die Waschküche, der Abstellraum, das Schlafzimmer der Eltern oder das Gästezimmer. Diese Räume müssen folglich auch nicht vorbereitet werden.

### 3. Inwiefern bin ich bereit, Dinge in der Wohnung zu verändern?

Um die Räume, die vom Kind genutzt werden, nach Montessori vorzubereiten, müssen vermutlich einige Dinge verändert werden. Nur wenn du bereit dazu bist, diese Veränderungen vorzunehmen, kann das eigene Zuhause zur vorbereiteten Umgebung werden.

---

Nachdem du weißt, welche Räume zu einer vorbereiteten Umgebung werden sollen, musst du dir überlegen, wie genau dies vonstattengehen kann. Eine pauschale Anleitung dazu können wir in diesem Buch nicht geben, denn jede Wohnung ist anders und bringt verschiedene Möglichkeiten mit. Grundsätzlich kannst du dich an diesen Vorschlägen orientieren:

## Das vorbereitete Kinderzimmer

In seinem Reich sollte das Kind Zugang zu all seinen Sachen haben und, wie es sich für eine vorbereitete Umgebung gehört, möglichst viel alleine machen können. Das bedeutet:

- ✓ Das Bett muss so niedrig sein, dass das Kind selbst hineinsteigen und aufstehen kann.
- ✓ Klamotten werden nicht an einer hohen Kleiderstange aufgehängt, sondern in Boxen, Körben und ähnlichem verstaut, die dann in Bodennähe stehen. So kann sich das Kind ohne die Hilfe von Mama oder Papa ein Outfit aussuchen und sich – sofern es schon alt genug ist – auch allein anziehen.

- ✓ Das Kinderzimmer ist oft der Ort, an dem Spielzeug aufbewahrt wird. Das Spielzeug sollte – genau wie die Klamotten – für das Kind erreichbar sein und einen festen Platz haben, damit es vom Kind gefunden und wieder aufgeräumt werden kann.
- ✓ Bei Spielzeug ist generell auf eine angemessene Anzahl zu achten. Im Kinderzimmer sollten maximal fünf bis sieben verschiedene Spielzeuge zu finden sein, die natürlich in sinnvollen zeitlichen Abständen ausgetauscht werden können.
- ✓ Dasselbe gilt für Montessori Materialien. Sie müssen so untergebracht werden, dass das Kind sie jederzeit finden und selbstständig holen kann. Sechs bis zehn Materialien, die der sensiblen Phase des Kindes entsprechen, genügen vollkommen.
- ✓ Ein gut vorbereitetes Kinderzimmer sollte außerdem einen Tisch, einen Hocker oder Stuhl und einen Teppich haben, damit das Kind die Möglichkeit hat, sich einen Platz zum Spielen oder zum Bearbeiten des Montessori Materials zu suchen.
- ✓ Sind größere Wandflächen frei, können ein, zwei Montessori Lernplakate aufgehängt werden.

## Das vorbereitete Badezimmer

Im Badezimmer sollte das Kind ebenfalls möglichst viel selbst erledigen können. Es muss weder Papas Rasierer im obersten Schrankfach erreichen noch Mamas Pflegecremes, aber:

- ✓ Im Bad sollte ein Hocker stehen, auf den sich das Kind stellen kann, um sich am Waschbecken die Hände oder das Gesicht zu waschen.
- ✓ Zahnbürste, Zahnbecher, Zahnpasta, Waschlappen, Gesichtscreme, Bürsten und Co. sollten so platziert werden, dass das Kind sie mithilfe des Hockers ebenfalls greifen

kann. Sie sollten immer am selben Fleck stehen, an den es das Kind nach der Benutzung wieder zurückstellt.

- ✓ Sofern das Kind alt genug ist, um selbstständig zu duschen, sollte der Duschkopf nach der Verwendung durch die Eltern immer wieder auf eine Höhe heruntergeschraubt werden, auf der er für das Kind erreichbar ist. Dasselbe gilt für Shampoo und Duschgel.
- ✓ Damit das Kind keine Hilfe braucht, um sich nach dem Duschen abzutrocknen, sollten Handtücher in einer Box in Bodennähe untergebracht werden.

## Die vorbereitete Küche

Noch mehr als bei anderen Räumen, spielt das Alter des Kindes in der Küche eine Rolle. Schließlich soll der Zweijährige kein Messer in die Finger bekommen, während die Vierjährige durchaus mit einem sicheren und für Kinderhände geeigneten Messer hantieren kann. Du musst daher entscheiden, zu welchen Küchenutensilien dein Kind Zugang haben soll – und zu welchen eben erst, wenn es etwas älter ist. Diese Elemente könnten eine vorbereitete Küche bilden:

- ✓ Das Geschirr sollten nach Möglichkeit weit unten in einem Schrank untergebracht werden, den das Kind selbst öffnen kann. Auf diese Weise wird es dazu befähigt, allein den Tisch zu decken und das abgewaschene Geschirr aufzuräumen.
- ✓ Wenn das Kind schon mitschnippeln darf, bietet sich ein höherer Hocker an, sodass es bequem auf der Arbeitsplatte mithelfen kann.
- ✓ Gläser und Getränke sollten so positioniert sein, dass das Kind beides erreichen und sich somit selbst einen Saft oder ein Glas Wasser eingießen kann.
- ✓ Wenn dann auch noch das Besteck an einer Stelle zu finden ist, an der es das Kind bequem herausholen kann, kann es

gegebenenfalls den Hocker für das Öffnen des Kühlschranks verwenden und ist somit befähigt, sich selbst einen Joghurt zu holen oder ein Brot zu schmieren.

### Der vorbereitete Flur

Die Vorbereitung des Flurs ist in aller Regel vergleichsweise einfach:

- ✓ Die Schuhe des Kindes sollten frei zugänglich sein, damit es sie selbst herausholen und je nach Alter anziehen kann.
- ✓ Die Jacken, Mützen, Schals und Handschuhe können zum Beispiel in einer Truhe untergebracht werden, deren Deckel das Kind anheben kann, um die Klamotten herauszuholen und sie – je nach Alter – selbst anzuziehen.

Du siehst: Es läuft immer darauf heraus, dem Kind die Möglichkeit zu geben, selbstständig zu agieren und zum Beispiel beim Lernen, beim Zähneputzen und beim Anziehen keine Hilfe durch einen Erwachsenen zu brauchen.

## Vertrauen bedeutet Zutrauen

Dem Kind etwas zutrauen, es probieren lassen, die Möglichkeit des Scheiterns neutral hinnehmen – für Eltern ist das oftmals leichter gesagt als getan. Schließlich lieben sie ihren Schützling, möchten ihm gerne alles so leicht wie möglich machen und ihn bloß nicht in Gefahr wissen. Das ist an und für sich nichts Schlechtes, sondern ganz normal. In einer Erziehung nach Montessori kommt man jedoch nicht weit, wenn man nicht lernt, seinem Kind so weit zu vertrauen, dass man ihm auch etwas zutrauen kann und dass man aufhört, ihm ständig über die Schulter zu schauen, ihm von vornherein den rechten Weg weisen zu wollen und Fehlern zuvorzukommen. Man muss ein Stück weit loslassen, die Dinge geschehen lassen und darauf vertrauen, dass das eigene Kind viel mehr meistern kann als man vielleicht glaubt. Das Ganze wird leichter, je öfter man sein Kind beim „Selbermachen" beobachtet. Die meisten Eltern gewinnen zügig diese Erkenntnisse:

- Wenn ich Vertrauen in mein Kind lege, vertraut es auch sich selbst.
- Mein Kind traut sich viel mehr zu als ich dachte.
- Mein Kind kann ohne meine ständige Einmischung lernen.
- Fehler werfen mein Kind nicht zurück, sondern bringen es voran.
- Mein Kind lernt schneller und nachhaltiger, wenn es selbstständig durch Versuch und Irrtum lernen darf.
- Das selbstständige Tun allerlei Dinge ist gut für das Selbstvertrauen meines Kindes.

Kinder, die es bisher gewohnt waren, Dinge von ihren Eltern „vorgekaut" zu bekommen, sind zu Beginn häufig überrascht und unsicher, wenn sie einmal ganz selbstständig handeln sollen. Dann kann es nötig sein, das Kind zu motivieren, ihm Sicherheit zu geben und ihm Mut zu machen. „Du kannst das", „Versuch es doch mal" oder „Trau dich, es kann nichts passieren" können aus dem Mund eines vertrauten Elternteils Wunder bewirken. Hin und wieder kann man es auch mit einem kleinen Trick versuchen: „Also ich weiß nicht so recht, wie das gehen soll. Hast du vielleicht eine Idee?" Wichtig ist, keinen Druck aufzubauen, sondern ganz gelassen und voller Zuversicht an die Sache heranzugehen. So können sich Eltern und Kind gemeinsam an das Prinzip der Selbstständigkeit gewöhnen.

## Geduld, Geduld, Geduld

Kinder nach Montessori zu erziehen fordert Geduld. Ohne die Bereitschaft, dem Kind die Bestimmung des Tempos zu überlassen, geht es nicht. Wie wichtig ein geduldiges Vorgehen ist, verdeutlichen die folgenden Beispiele:

*Maja ist vier und hat noch nicht gelernt, sich die Schuhe zu binden. Zwar hat ihre Mama ihr schon ein paar Mal gezeigt, wie es geht, doch die Kleine zeigt kein wirkliches Interesse daran. Vielleicht ist sie unsicher, vielleicht zu abgelenkt oder etwas ängstlich. Kurzum werden Schuhe mit Klettverschluss besorgt, damit das Thema vorerst erledigt ist. Eines Morgens verlangt Maja nach den Schnürschuhen. Ihre Freundin aus dem Kindergarten bindet sich seit Kurzem selbst die Schuhe – Maja möchte das auch können. Ihre Mama hilft ihr, in die Schnürschuhe zu schlüpfen, und fordert Maja auf, die Schnürsenkel zu einer Schleife zu binden. Maja überlegt. Es vergehen fünf Minuten, bis sie den ersten Versuch wagt – ohne Erfolg. Nach weiteren fünf Minuten wird Majas Mama ungeduldig. Schließlich sollte Maja mittlerweile im Kindergarten sein. Unter Protest entwendet sie Maja die Schnürschuhe und zieht ihr die Schuhe mit Klettverschluss an. Am Abend möchte sie Maja das Schnüren erneut zeigen, doch diese verweigert es, sich die Erklärung anzuhören. Es wird noch einige Wochen dauern, bis sich Maja dem Thema wieder öffnet.*

Was ist hier schief gelaufen? Es war nicht falsch, Maja vorerst Schuhe mit Klettverschluss zu kaufen. Diese befähigten sie dazu, sich selbst die Schuhe anzuziehen. Wichtig wäre jedoch gewesen, Maja zeitgleich kleinschrittiger auf das Schuhebinden vorzubereiten. Zu diesem Zweck hätten sich zum Beispiel die verschließbaren Rahmen zum Schnüren angeboten. Maja hätte das Binden üben können, ohne es direkt mit dem Anziehen der Schuhe in Verbindung bringen zu müssen. Dies wurde versäumt, was schade ist, aber keine Katastrophe darstellt. Wirklich negativ wurden Majas Interesse und Lernfortschritt erst beeinflusst, als sie sich am Schnüren versuchen wollte, dabei aber gegen ihren Willen unterbrochen wurde. Wenn man – wie Majas Mutter es gemacht hat – darauf wartet, dass das Kind von selbst Interesse zeigt und ihm zuvor keine Möglichkeit gibt, sich vorzubereiten, muss man in dem Moment, in dem das Kind sich endlich interessiert, Zeit und Geduld aufwenden. Und zwar ganz kompromisslos. Geschieht dies nicht, erstickt man das zaghafte Interesse womöglich im Keim.

*Erik ist drei Jahre alt und hat eine schicke neue Winterjacke bekommen. Voller Stolz möchte er sie seinem Vater vorführen und versucht den Reißverschluss, wie er es mit Mama geübt hat, selbst zu schließen. Das gelingt ihm nicht auf Anhieb, doch Erik gibt nicht auf und wagt einen neuen Versuch. „Ich mach das, dann geht's schneller", sagt seine Mama.*

Geht man mit dem Gedanken, dass etwas schnell gehen muss, an eine Sache heran, besteht für das Kind keinerlei Aussicht auf ein erfolgreiches Lernerlebnis. Ja, es kostet mehr Zeit, das Kind ausprobieren, scheitern und versuchen zu lassen, anstatt es ihm einfach abzunehmen und selbst zur Tat zu schreiten. Und natürlich kann es eine Geduldsprobe darstellen, dem Kind zehn, zwanzig, dreißig Minuten lang dabei zuzusehen. Solange das Kind jedoch nicht um Hilfe bittet, geht es ihm nicht zu langsam. Eriks Mutter signalisiert ihm in diesem Beispiel, dass seine Bemühungen nichts wert sind, wenn sie nicht zum gewünschten Ergebnis führen. Das wirkt demotivierend, ganz klar. Ist ein Kind gewillt, etwas weiter zu versuchen, sollte man dies keinesfalls unterbrechen oder gar unterbinden. Und selbst wenn es um Hilfe bittet, sollte man ihm die Aufgabe nicht komplett vorwegnehmen, sondern lediglich begleitend und unterstützend anleiten – Hilfe zur Selbsthilfe eben.

*Die vierjährige Kim kommt bald in die Vorschule und ihre Mama findet, dass es höchste Zeit ist, Kim die Zahlen von 1 bis 20 beizubringen. Also setzt sie sich mit ihrer Tochter an einen Tisch und versucht ihr Glück. Blöd nur, dass Kim gerade mitten in einer kreativen Phase steckt und viel lieber malen möchte. Die Tochter ist halbherzig bei der Sache, zählt mal bis drei, mal bis vier, fragt ständig, wann sie etwas anderes machen kann und hört ihrer Mama schließlich gar nicht mehr zu. Dieses Spiel wiederholt sich Tag für Tag und als die Vorschule beginnt, beherrscht Kim die Zahlen von 1 bis 20 noch immer nicht sicher. Ihre Mama ist enttäuscht.*

Als Eltern hat man häufig gewisse Erwartungen. Mit gut einem Jahr soll der Sprössling laufen, mit spätestens zwei Jahren deutlich sprechen, mit zweieinhalb rund um die Uhr trocken sein und im Alter von drei den eigenen Namen schreiben. Wie schön es doch wäre, wenn das alles so glatt laufen würde. Tut es für gewöhnlich aber nicht. Denn Kinder sind keine vorprogrammierten Maschinen, sondern individuelle Lebewesen. Wenn die Vierjährige also gerade nicht bereit dazu ist, das Zählen bis 20 zu lernen, ist es an den Eltern, ihre Erwartungen im Zaum zu halten und dem Kind zu erlauben, sich in seinem eigenen Tempo zu entwickeln. Wieder einmal ist Geduld gefragt. Natürlich gibt es die gute Möglichkeit, Materialien anzubieten, die sich mit dem Zählen beschäftigen. Die Entscheidung, sich tatsächlich mit genau diesen Materialien auseinanderzusetzen, muss jedoch vom Kind selbst kommen. Die Vorgehensweise, das Kind im Schema „Frontalunterricht" täglich mit dem Lerninhalt zu konfrontieren, obwohl es ganz offenkundig keinerlei Interesse daran hat, trägt definitiv nicht dazu bei, dass es sich bald für das Zählen interessieren wird. Besser wäre es, geduldig abzuwarten, den Fokus des Kindes auf das kreative Schaffen wertschätzend zu akzeptieren und von Zeit zu Zeit Materialien zum selbstständigen Erlernen des Zählens anzubieten.

Du siehst: Geduld ist eine essentielle Eigenschaft, die Eltern mitbringen müssen, wenn sie eine Montessori Erziehung im Sinn haben. „Hauruckaktionen", Spiele auf Zeit und die Übertragung der eigenen Erwartungen auf das Kind sind nicht nur nicht vorgesehen, sondern tunlichst zu vermeiden. Im Alltag bedeutet das, öfter mal ein „Mach schon", „Wann kapierst du es endlich?" oder „Warum dauert das so lange?" herunterzuschlucken. Du kannst dir dabei aber zu jeder Zeit sicher sein, dass sich deine Geduld letztendlich auszahlen wird.

## Flexibilität und Routine - Ein Widerspruch in sich?

Eine Erziehung nach Montessori setzt eine gewisse Flexibilität voraus. Das bedeutet aber ausdrücklich nicht, dass keine Routine stattfinden darf. Flexibilität ist in puncto Zeitaufwand und Entscheidung für eine Beschäftigung gefragt. Gleichzeitig können jedoch routinierte Abläufe angeboten werden. Die Betonung liegt hier auf anbieten und nicht aufzwingen. In der Praxis zeigt sich normalerweise, dass Kinder einige Routinen schätzen und ganz freiwillig mitmachen beziehungsweise diese sogar einfordern. Denn Routinen geben Sicherheit. Du solltest jedoch davon absehen, von heute auf morgen eine „Routine" einzuführen, die komplett von dem, was ihr normalerweise tut, abweicht. Besser ist es, wenn du Vorschläge deines Kindes aufgreifst und Dinge, die ihr ohnehin tut, zu einer Routine machst. Wichtig: Auch in der Routine musst du flexibel bleiben. Du musst also genau zuhören, auf dein Kind achten und nichts auf Biegen und Brechen einhalten, was an einem speziellen Tag einfach nicht passt. Grundsätzlich solltest du die Flexibilität zur Routine machen. Daraus folgt, dass dein Kind sich sicher fühlt, wenn es einen Handlungs- und Entscheidungsspielraum hat – ganz routiniert.

## Gemeinsame Regeln und die Durchsetzung

Eltern, die sich in ihrem Erziehungsstil an Montessori orientieren möchten, fragen sich häufig, ob sie in diesem Zuge gänzlich auf Regeln verzichten sollten. Wenn du bis hierher aufmerksam gelesen hast, kennst du die Antwort: Auch bei Montessori gibt es Regeln. Diese werden allerdings nicht einfach in den Raum geworfen, sondern altersentsprechend mit dem Kind zusammen aufgestellt, erklärt und besprochen. Grundsätzlich sollte man es in diesem Punkt aber nicht übertreiben. Sprich: So viele Regeln wie nötig, so wenig Regeln wie möglich. Doch was ist zu tun, wenn das Kind nicht gewillt ist, sich an eine gemeinsam aufgestellte Regel zu halten? Einen pauschalen Leitfaden, der die ultimative Lösung serviert, gibt es nicht. Es gilt, angepasst auf die individuelle Situation zu reagieren. Im Normalfall ist es nicht empfehlenswert, direkt ein Machtwort zu sprechen. Stattdessen sollte man das Kind zu Wort kommen lassen und ergründen, warum genau es sich in diesem Moment gegen die Regel sträubt. Anschließend kann man selbst erklären, warum es wichtig ist, die Regel einzuhalten, und gegebenenfalls einen Kompromiss anstreben. Man sollte versuchen, möglichst ruhig zu bleiben, und nichtssagende, unnötig autoritäre Aussagen, wie „Weil ich es gesagt habe“ oder „Weil ich es so möchte“, vermeiden.

## Akzeptanz der kindlichen Entscheidungen

Gesteht man Kindern zu, eigene Entscheidungen zu treffen, geht dies immer mit der Option einher, dass die vom Kind gewählte Entscheidung nicht mit der eigenen Ansicht oder den eigenen Wünschen konform geht. Schließlich ist ein Kind keine kleine Kopie seiner Eltern, sondern ein eigenständiges Individuum. Als Eltern müssen wir uns entsprechend damit anfreunden, die Entscheidungen unserer Kinder zu akzeptieren – auch dann, wenn wir nicht ganz einverstanden mit diesen sind. Zusätzlich müssen wir realistisch einschätzen, welche Entscheidungen dem Kind überlassen werden können und welche ihm besser abgenommen werden. Denn es gibt durchaus Entscheidungen, die nicht in Kinderhände gehören. Einige Beispiele aus dem praktischen Alltag:

*Tom ist gerade fünf geworden und lernt das Fahrradfahren. Er ist mit Eifer dabei und macht sich schon richtig gut. An einem sonnigen Samstagnachmittag nimmt sein Papa sich zum dritten Mal Zeit, um mit seinem Sohnemann zu üben. Tom ist schon halb aus der Tür, als ihn sein Papa daran erinnert, den Helm mitzunehmen. Doch Tom hat andere Pläne: Er findet, dass er keinen Helm braucht. Immerhin ist er schon fünf und bisher ist ja auch nichts passiert. Toms Papa bittet seinen Sohn, nochmal kurz zurückzukommen, setzt sich mit ihm auf die Treppenstufen vor dem Haus und erklärt ihm gut begründet und mit einfachen Worten, dass es unvernünftig ist, ohne Helm aufs Fahrrad zu steigen. Tom wirft ein, dass Papa selbst auch keinen Helm trägt – ertappt. Die beiden treffen eine Abmachung: Tom setzt den Helm auf und Papa tut es ihm gleich. Gut gelaunt und mit sicher verpackten Köpfen machen die beiden sich auf den Weg zu ihren Fahrrädern.*

Toms Papa hat in diesem Fall genau richtig reagiert. Er hat nicht nur erkannt, dass dies eine Entscheidung ist, die er nicht akzeptieren kann und sollte, sondern Tom auch verständlich erklärt, warum das so ist. Auf diese Weise gab er seinem Sohn die Möglichkeit, die Sache zu verstehen und freiwillig einzulenken. Toms Argumente hat er nicht einfach abgetan, sondern ernst genommen – eine optimale Vorgehensweise.

*Die achtjährige Nina hat einen speziellen Wunsch: Sie möchte ihre langen Haare abschneiden. Sie hat auch schon eine Kurzhaarfrisur im Kopf, die sie ihrer Mama aufgeregt schildert. Doch Mama ist alles andere als begeistert. Sie liebt die langen Haare ihrer Tochter und vermutet, dass diese die Entscheidung für die Kurzhaarfrisur später bereuen würde. Also verschiebt sie das Thema, indem sie Nina bittet, nochmal genau darüber nachzudenken. In den nächsten Tagen spricht Nina immer wieder davon, kann ihre Mutter aber nicht überzeugen. Die Haare bleiben dran, basta.*

Dieses Beispiel zeigt eine Situation, in der die kindliche Entscheidung gefahrlos akzeptiert werden könnte. Es war nicht falsch, Nina darum zu bitten, sich die Sache gut zu überlegen. Indem der Wunsch nach kurzen Haaren jedoch auch langfristig abgelehnt wird, wird die eigene Ansicht über die des Kindes gestellt – ohne sinnvolle Argumente. Der Fall ist eigentlich ganz klar: Es sind Ninas Haare und wenn Nina sie kurz tragen möchte, sollte ihr dies unbedingt ermöglicht werden.

*Silas ist drei Jahre alt. An einem Sonntag kommen Oma und Opa zu Besuch, die mehrere hundert Kilometer entfernt wohnen und ihren Enkel deshalb nur selten sehen. Silas öffnet die Tür und streckt Oma die Hand entgegen. „Ach Junge", sagt Oma, „Jetzt umarm die Oma und lass dich mal drücken." Silas dreht sich um – ihm ist die Sache nicht ganz geheuer und er ist offensichtlich nicht dazu aufgelegt, die für ihn fast fremde Frau zu umarmen. Papa schiebt Silas sanft zurück: „Die Oma ist so weit gefahren, um dich zu sehen", sagt er, „Umarm sie, du hast sie doch lieb, oder?"*

Ob Silas auf die bestimmte Aufforderung des Vaters eingeht oder nicht, spielt hier keine Rolle. Was körperliche Annäherungen und Berührungen betrifft, sollte die Entscheidung immer – absolut und ausnahmslos immer – dem Kind überlassen sein. Ja, für die Eltern kann es unangenehm oder sogar peinlich sein, wenn das Kind eine körperliche Kontaktaufnahme verweigert. Schließlich meint es die Oma ja nur gut. Wichtiger als das verzerrte Anstandsgefühl der Eltern ist aber, dass Silas von klein auf lernt, dass er allein entscheidet, ob, wann und wie er sich anfassen lässt. Nähe zu erzwingen ist in jedem Fall falsch.

Es wird immer wieder Situationen geben, in denen du dir nicht zu 100 % sicher bist, ob die Entscheidung deines Kindes zu akzeptieren ist. Um eine Antwort zu finden, kannst du dir diese Fragen stellen:

- Hat die Entscheidung weitreichende Konsequenzen?
- Gehen mit der „falschen" Entscheidung Gefahren für dein Kind einher?
- Ist die Entscheidung wirklich gefährlich oder weitreichend oder ist dir deine Meinung nur wichtiger als die deines Kindes?
- Was würde passieren, wenn du deinem Kind die Entscheidung überlässt?
- Ist es wirklich notwendig, über den Kopf deines Kindes hinweg zu entscheiden?
- Ist es sinnvoll, die Sachlage genauer zu besprechen, um sicherzugehen, dass dein Kind wirklich versteht, welche Folgen seine Entscheidung haben kann?
- Möchtest du aus Eigennutz, Sorge, Angst, Scham oder Sturheit für dein Kind entscheiden?
- Was vermittelst du deinem Kind, indem du ihm die Entscheidung überlässt/ihm die Entscheidung abnimmst?

## Vergleiche abstellen

Ein Ratschlag, den man allen Eltern geben kann, lautet: Hört auf, euer Kind mit anderen zu vergleichen. Die Montessoripädagogik begreift das Kind als individuelle Persönlichkeit, die sich möglichst frei entwickeln soll und die, genau so wie sie ist, akzeptiert, respektiert und wertgeschätzt werden muss. Doch auch ganz unabhängig von Montessori bringt es nichts als unnötigen Stress, aussagefreie Überlegenheitsgefühle, falschen Stolz und unfaire Erwartungen, Kinder zu vergleichen. Es ist jedoch nicht immer so einfach, auf Vergleiche zu verzichten. Man besucht die Krabbelgruppe oder trifft sich mit anderen Familien, sieht, was die Kinder so tun und lassen, und vergleicht dies fast automatisch mit dem, was das eigene Kind schon kann oder eben noch nicht kann. Und dann macht man sich Gedanken: Der Nico läuft schon frei, warum klappt das bei uns nicht? Wann fängt unser Kind endlich an, so deutlich zu sprechen wie die Fiona? Und was machen wir falsch, dass unser Kind noch immer nicht trocken ist, obwohl fast alle Kinder aus der Kindergartengruppe keine Windel mehr brauchen? Stopp! Dein Kind ist weder Nico noch Fiona. Und es führt zu nichts, sich diesen Vergleichen auszusetzen. Deshalb ist es ratsam, sofort die mentale Notbremse zu ziehen, wenn man sich bei einem Vergleich ertappt. Es ist vollkommen egal, was andere Kinder können, nicht können, tun oder lassen. Dies hat keinerlei Bedeutung für dich, dein Kind, dessen Wert und eure Beziehung. Indem du dich konsequent stoppst, gewöhnst du dir auf Dauer ab, Vergleiche dieser Art zu ziehen, womit du dir und deinem Kind einen großen Gefallen tust.

# Kapitel 11: Teil 1 – Praktische Übungen nach Montessori

Die Montessori Materialien liefern Eltern zahlreiche Ideen für Übungen, die für Kinder verschiedener Altersstufen geeignet sind. Daneben ist es auch möglich, altersgerechte Übungen ohne spezielles Montessori Material anzubieten. Dieses Kapitel stellt als erster praktischer Übungsteil dieses Buches verschiedene Übungen für Kinder zwischen zwei und vier, vier und sechs sowie sechs und acht Jahren vor, die dir als Inspiration dienen sollen und gerne ausprobiert, erweitert oder abgewandelt werden können.

## Übungen für Zwei- bis Vierjährige

### *Buntes Fingerspiel*

#### Du brauchst

- ✓ Ungiftige Fingerfarben
- ✓ Einen großen Bogen Papier
- ✓ Ein altes, großes T-Shirt
- ✓ Einige Bögen Zeitungspapier

#### So geht's

Decke einen Tisch oder den Boden mit Zeitungspapier ab und statte dein Kind mit einem alten T-Shirt, das dreckig werden kann, aus. Lege einen großen Bogen Papier auf die Zeitung und stelle Fingerfarben bereit. Dein Kind darf sich nun kreativ austoben, wofür es seine Hände nutzt. Es kann kleckern, spritzen und „sudeln“ – das alles ist erlaubt.

*Tipp: Nimm dich bei dieser Übung komplett zurück und lasse dein Kind einfach machen. Versuche nicht, es zum Zeichnen einer speziellen Form oder einer Linie zu bewegen, sondern sei lediglich als Beobachter anwesend.*

### Das bringt's

Mit dieser Übung kann dein Kind kreativ werden, ohne sich auf das Halten und Führen eines Stifts oder Pinsels konzentrieren zu müssen. Es hat die Möglichkeit, mit Farben zu experimentieren und zu erleben, wie es mit seinen eigenen kleinen Händen ein individuelles Kunstwerk kreiert. Dabei verbessert es spielerisch seine Motorik sowie die Augen-Hand-Koordination und kann seine Fantasie frei von Grenzen, Erwartungen oder Vorgaben einsetzen.

---

## *Nüsse greifen*

### Du brauchst

- ✓ Etwa 10 ganze Walnüsse mit Schale
- ✓ Zwei Behälter, zum Beispiel Plastikschüsseln

### So geht's

Zu Beginn füllst du alle Walnüsse in eine der beiden Schüsseln. Dein Kind hat nun die Aufgabe, die Walnüsse Stück für Stück in den anderen Behälter zu befördern. Wahlweise kann es auch versuchen, beide Schüsseln gleich zu füllen.

### Das bringt's

Das Greifen nach den Nüssen fördert die Motorik und die Auge-Hand-Koordination. Außerdem muss sich dein Kind, vor allem wenn es die Übung zum ersten Mal macht, ordentlich konzentrieren.

---

## *Spielerisches Sortieren*

### Du brauchst

- ✓ Jeweils 3 bis 7 große Murmeln in zwei oder drei verschiedenen Farben
- ✓ Zwei bis drei Schalen
- ✓ Ein Tablett

### So geht's

Lege die Murmeln wild durcheinander auf das Tablett und stelle die Schalen daneben. Das Ziel ist es, die Murmeln nach Farben zu sortieren. Alle gelben Murmeln kommen zum Beispiel in den linken Behälter, alle grünen in den mittleren und alle blauen in den rechten.

*Tipp: Wichtig ist, dass hier wirklich große Murmeln zum Einsatz kommen, die nicht verschluckt werden können.*

### Das bringt's

Bei dieser Übung sind wieder Motorik und Augen-Hand-Koordination sowie Konzentration gefragt. Zusätzlich wird das Erkennen und Separieren von Farben geübt. Bei dieser Gelegenheit können die Farbbezeichnungen wunderbar eingeführt oder verfestigt werden.

---

## *Linsen löffeln*

### Du brauchst

- ✓ Einen großen Löffel
- ✓ Zwei Schalen
- ✓ Linsen

### So geht's

Fülle eine Schale mit Linsen, stelle eine leere Schale daneben und lege einen Löffel dazu. Das Kind soll die Linsen Löffel für Löffel in die leere Schale manövrieren.

*Tipp: Klappt das Löffeln mit den Linsen gut, kannst du diese durch Erbsen austauschen. Durch ihre runde Form rollen Erbsen leichter davon, was das Löffeln schwieriger macht.*

### Das bringt's

Die Übung verbessert die Feinmotorik, die Augen-Hand-Koordination und die Konzentration.

## Übungen für Vier- bis Sechsjährige

### *Pflanzenpflege*

**Du brauchst**

- ✓ Eine Zimmerpflanze im Topf
- ✓ Eine kleine Gießkanne

**So geht's**

Besuche mit deinem Kind ein Gartencenter oder eine Gärtnerei und überlasse ihm die Auswahl einer Pflanze, die möglichst nicht allzu anfällig und pflegeintensiv ist. Die Aufgabe deines Kindes ist es ab jetzt, sich um die Pflanze zu kümmern, sie zu pflegen und sie allem voran am Leben zu erhalten. Diese Übung ist also nicht einmalig zu erledigen und zeitlich begrenzt, sondern fortlaufend. Dein Kind sollte eine Gießkanne zur Verfügung haben, die es selbst heben, befüllen und bedienen kann. Erkläre ihm vorab, wie die Pflanzenpflege funktioniert und wie oft gegossen werden muss. Dann legst du die Verantwortung für die Pflanze in die Hände deines Kindes.

*Tipp: Wenn du bemerkst, dass die Pflanze langsam mal wieder Wasser vertragen könnte, dein Kind aber keine Anstalten macht, sie zu gießen, solltest du nicht direkt eingreifen und die Pflanze selber gießen oder dein Kind daran erinnern, es doch bitte zu tun. Die selbstständige Fehlerkontrolle greift spätestens dann, wenn dein Kind zufällig ans Gießen denkt und dann feststellen muss, dass seine Pflanze bereits am Verdursten ist.*

**Das bringt's**

Durch die langfristige Betreuung der Pflanze lernt dein Kind, sich um etwas zu kümmern, Verantwortung zu übernehmen und eine wiederkehrende Pflicht zu erledigen. Darüber hinaus wird es dazu angeregt, ein Interesse für die Pflanzenwelt zu entwickeln und kann das Wachstum – oder gegebenenfalls das Vergehen – einer Pflanze live miterleben.

## *Blinde Verkostung*

### Du brauchst

- ✓ Einen großen Löffel
- ✓ Senf
- ✓ Ketchup
- ✓ Marmelade
- ✓ Schokocreme
- ✓ Erdnussbutter
- ✓ Eine Augenbinde

### So geht's

Verbinde deinem Kind die Augen, gebe nacheinander je ein kleines bisschen von den verschiedenen Lebensmitteln auf den Löffeln und lasse dein Kind probieren. Es soll, ohne zu spicken, herausschmecken, um welches Nahrungsmittel es sich jeweils handelt. Selbstverständlich können die Lebensmittel ausgetauscht und variiert werden, sodass die Übung auch mehrfach gemacht werden kann, ohne langweilig zu werden.

*Tipp: Um den Schwierigkeitsgrad zu erhöhen, können beispielsweise sehr ähnlich schmeckende Lebensmittel, wie Erdbeer- und Himbeermarmelade, verwendet werden.*

### Das bringt's

Durch die Augenbinde kann sich dein Kind voll und ganz auf seinen Geschmackssinn konzentrieren. Es lernt, Geschmäcker zu unterscheiden und dabei immer feiner zu werden.

## *Wasser schütten / schöpfen / spritzen*

### Du brauchst

- ✓ Eine Schüssel mit Wasser
- ✓ Eine zweite Schüssel
- ✓ Einen Becher
- ✓ Eine Schöpfkelle
- ✓ Eine große Plastikspritze

### So geht's

Fülle eine Schüssel mit Wasser und stelle zwei Becher, eine Schöpfkelle und eine Plastikspritze zum Aufziehen bereit. Dein Kind darf nun mit dem Wasser und den verschiedenen Behältnissen experimentieren. Es kann das Wasser per Becher, Kelle oder Spritze aus der Schale nehmen und in die leere Schüssel befördern.

*Tipp: Lege ein Handtuch unter den Materialien aus. Schließlich kann auch mal was danebengehen.*

### Das bringt's

Dein Kind macht sich mit verschiedenen Behältnissen vertraut, lernt, seine Finger gezielt zum Aufziehen der Spritze einzusetzen, gewinnt erste Kompetenzen im Einschätzen von Mengen und trainiert seine Motorik und Koordination.

---

## *Flüssiges Farbenspiel*

### Du brauchst

- ✓ Wasser
- ✓ Lebensmittelfarbe (mindestens drei Farben)
- ✓ Mindestens vier transparente Becher oder Schüsseln

### So geht's

Fülle mindestens drei Becher mit Wasser und färbe das Wasser in unterschiedlichen Farben. Insbesondere die Grundfarben – Rot, Blau und Gelb – bieten sich an. Ergänze den Aufbau um mindestens ein weiteres, leeres Behältnis. Dein Kind ist dazu eingeladen, die farbigen Flüssigkeiten nach Belieben zu mischen.

### Das bringt's

Diese Übung eignet sich wunderbar, um die Farben einzuführen und dem Kind zu vermitteln, wie aus zwei Farben eine neue, dritte Farbe entsteht. Das Umschütten des Wassers verbessert zudem die Motorik und die Koordination.

## *Der Jahreszeitentisch*

### Du brauchst

- ✓ Einen niedrigen Tisch
- ✓ Kreppband
- ✓ Zeit für ausgedehnte Spaziergänge

### So geht's

Teile den Tisch gemeinsam mit deinem Kind in vier Teile auf, indem ihr zwei lange Streifen Krepp-Band so aufklebt, dass sie sich genau in der Mitte des Tischs kreuzen. So entstehen vier gleichgroße Tischviertel, je eines für jede Jahreszeit. Die Übung kann zu jeder Jahreszeit durchgeführt werden und läuft fort. Sprich: Sie beginnt zum Beispiel im Frühling, zieht sich über den Sommer und den Herbst hinweg und kann zum Ende des Winters enden, oder aber einfach mit dem zweiten Frühling fortgesetzt werden. Nimm dir immer wieder Zeit für Spaziergänge und Aufenthalte in der Natur – natürlich zusammen mit deinem Kind. Dort schaut ihr, was die Natur in dieser Jahreszeit zu bieten hat, und dein Kind nimmt das ein oder andere, zum Beispiel Blüten, Steine, Blätter, Äste oder Laub, mit nach Hause und legt es auf das entsprechende Viertel des Jahreszeitentischs. So füllt sich der Tisch nach und nach mit allerlei natürlichen Dingen und stellt schließlich die Natur im Verlauf aller vier Jahreszeiten dar.

*Tipp: Noch saftige Blätter und blühende Blüten könnt ihr zwischen Buchseiten pressen, damit sie nicht verwelken und dem Jahreszeitentisch für eine lange Zeit erhalten bleiben können.*

### Das bringt's

Dein Kind findet Zugang zur Natur, kommt mit vielen verschiedenen natürlichen Materialien in Kontakt und kann sich mit den vier Jahreszeiten und mit dem, was die Jahreszeiten für die Natur bedeuten, auseinandersetzen.

### *Schritttempo*

**Du brauchst**

- ✓ Klebeband
- ✓ Einen Würfel

**So geht's**

Bringe einen etwa 1 m langen Streifen Klebeband auf dem Boden an. Gehe von dort aus etwa 2,5 m und platziere einen zweiten Streifen Klebeband parallel zum ersten. Dein Kind stellt sich an einen der Klebestreifen und würfelt. Würfelt es eine zwei, soll es versuchen, mit nur zwei Schritten zum anderen Klebestreifen zu kommen, bei einer drei wären es drei Schritte und so weiter. Die einzige Ausnahme: Würfelt das Kind eine eins, steht diese nicht für einen, sondern für sieben Schritte.

**Das bringt's**

Das Kind lernt, Distanzen einzuschätzen, auf seine Schrittlänge zu achten und diese anzupassen. Die Übung fördert die Konzentration, aber auch die Koordination und das Körperbewusstsein.

## Übungen für Sechs- bis Achtjährige

### *Rechnen mit Nüssen*

**Du brauchst**

- ✓ Zwei Schalen
- ✓ Einige Walnüsse
- ✓ Einige Haselnüsse

**So geht's**

Bei dieser Übung bekommen unterschiedliche Nusssorten verschiedene Werte. Zum ersten Einführen der Übung reichen zwei Nusssorten, zum Beispiel Walnüsse und Haselnüsse, aus. Welchen Wert welche

Nusssorte hat, kann völlig frei festgelegt werden. Wichtig ist aber: Dieser Wert verändert sich nicht, sondern bleibt immer derselbe. Zur Erklärung nehmen wir nun an, dass jede Haselnuss den Wert 1 und jede Walnuss den Wert 3 besitzt. Als erstes zählt das Kind, auf welchen Wert alle vorhandenen Nüsse gemeinsam kommen. Hierfür nimmt es Nuss für Nuss aus der einen Schale und legt sie in die zweite. Es nimmt also beispielsweise eine Haselnuss (1) und zwei Walnüsse (je 3). In der zweiten Schale befinden sich folglich Nüsse im Wert von 7. Der Gesamtwert aller Nüsse sollte an die Zahlenkenntnis des Kindes angepasst sein. Sprich: Kennt das Kind nur die Zahlen von 1 bis 20, sollte der Wert aller Nüsse die 20 nicht übersteigen. Die Aufgabe kann vielfältig variiert werden. Du kannst dein Kind so mitunter dazu auffordern, die zweite Schale mit Nüssen im Wert von 10 zu füllen, oder den Gesamtwert der Nüsse in der Schale um 5 zu verringern. Ist das Prinzip klar, kann die Übung durch weitere Nusssorten erweitert werden. Je nach Rechenkenntnis des Kindes, können die Nüsse auch negative Werte, also -1, -2 oder -3, annehmen. Damit der Spaß an der Übung nicht verloren geht, sollte der Schwierigkeitsgrad nur langsam gesteigert werden, wobei das Kind entscheidet, wann es bereit für eine zusätzliche Nusssorte mit einem neuen Wert ist.

### Das bringt's

Mit dieser Übung werden das Zählen, die Addition und gegebenenfalls die Subtraktion geübt.

## *Wasser schütten / schöpfen / spritzen für Fortgeschrittene*

### Du brauchst

- ✓ Eine Schüssel mit Wasser
- ✓ Einen Becher
- ✓ Einen Messbecher
- ✓ Eine Schöpfkelle
- ✓ Eine große Plastikspritze

## So geht's

Stelle eine Schüssel mit Wasser, einen Becher, einen Messbecher, eine Schöpfkelle und eine große Plastikspritze bereit. Dein Kind soll nun Wasser aus der großen Schüssel in den Messbecher befördern, wofür es die Kelle, die Spritze und den Becher verwenden kann. Zunächst kann es etwas experimentieren und dann gezielt versuchen, 100 ml, 200 ml, 350 ml oder 500 ml umzufüllen. Sobald das Kind sicher im Umgang mit den Mengenangaben ist, können kleine Rechenaufgaben daraus gemacht werden. Das Kind kann zum Beispiel zunächst 100 ml in den Messbecher füllen und dann nachdenken, wie viele Milliliter es wieder herausnehmen muss, um bei 80 ml zu landen, oder wie viele es dazu füllen muss, damit 125 ml im Messbecher sind.

## Das bringt's

Die Übung vermittelt dem Kind ein Verständnis für die Mengenangaben von Flüssigkeiten und ein Gefühl dafür, wie „viel" oder „wenig" 100 ml, 200 ml etc. sind. In der erweiterten Version eignet sich die Übung auch, um die Addition und Subtraktion zu üben. Hierfür muss das Kind allerdings mindestens mit dem Zahlenraum 0 bis 100, besser noch 0 bis 200 vertraut sein.

---

# *Wörter werfen*

## Du brauchst

- ✓ Straßenkreide in zwei verschiedenen Farben
- ✓ Einen Ball

## So geht's

Zeichne gemeinsam mit deinem Kind 26 große Kreise in drei Reihen. Jeder Kreis beherbergt einen Buchstaben, der als Großbuchstabe in die Mitte des jeweiligen Kreises geschrieben wird. Die Buchstaben werden in alphabetischer Reihenfolge in die Kreise geschrieben. Dabei erhalten Konsonanten und Vokale verschiedene Farben. Ein langer Kreidestrich unter der dritten Buchstabenreihe wird mit etwa einem halben Meter Abstand aufgezeichnet. Das Kind denkt sich nun ein Wort aus, stellt sich mit dem Ball in der Hand auf die Kreidelinie und versucht, die benötigten Buchstaben seines Wortes nacheinander mit dem Ball zu treffen.

### Das bringt's

Das Wörterwerfen schult die Fähigkeit, Worte in Gedanken zu bilden, in ihre einzelnen Buchstaben zu zerlegen und sie nach und nach wieder zusammenzusetzen. Durch das Werfen des Balls trainiert das Kind zudem seine Koordination und übt sich im genauen Zielen. Diese Übung bietet sich außerdem an, um ganz nebenbei die Unterscheidung zwischen Vokalen und Konsonanten einzuführen.

# Kapitel 12: Teil 2 - „Do-It-Yourself" Montessori Material basteln

Nachdem du im letzten Kapitel einige Übungen kennengelernt hast, die ohne außergewöhnliches Material auskommen, folgt nun im zweiten praktischen Übungsteil eine Vielzahl weiterer Übungen, für die bestimmte Montessori Materialien benötigt werden. Natürlich kannst du diese in einem geeigneten Shop erwerben, doch du kannst sie mit etwas Geschick und den Anleitungen in diesem Kapitel auch einfach selbst basteln. Wenn du dich für die „Do-It-Yourself"-Version entscheidest, kannst du jede Bastelgelegenheit direkt nutzen, um dein Kind miteinzubeziehen und daran teilhaben zu lassen, wie das Material entsteht.

## Sinnesmaterial

Diese Montessori Sinnesmaterialien kannst du relativ aufwandsarm selbst herstellen:

### *Geräuschdosen*

#### Du brauchst

- ✓ 6 kleine Döschen (z.B.: alte Filmdosen) mit Deckel
- ✓ 2 EL Reis
- ✓ 2 EL grobe Holzspäne
- ✓ 2 EL kleine Metallkugeln

#### Bastelanleitung

Befülle die Döschen mit je einem EL der aufgelisteten Materialien. Im Endeffekt sollen immer zwei Döschen mit der gleichen Menge desselben Materials befüllt sein. Die vorgeschlagenen Materialien Reis, Holzspäne und Metallkugeln stellen nur drei der vielen möglichen Füllstoffen dar. Du kannst den Inhalt der Döschen also von Zeit zu Zeit austauschen, um für Abwechslung zu sorgen und die Übung wieder interessant für dein Kind zu machen. Sind die Döschen richtig befüllt, verschließt du sie mit passenden Deckeln.

*Tipp: Als Füllstoffe eignen sich neben den angegebenen Vorschlägen beispielsweise getrocknete Erbsen, Linsen, Zucker, zerbröselte Stücke getrocknetes Laub, kurze Aststücke und kleine Steinchen.*

### Nutzung

Wie Geräuschdosen zu nutzen sind, kannst du Kapitel 8 entnehmen.

---

## *Farbtäfelchen*

### Du brauchst

- ✓ Einen Bogen weißes Kartonpapier
- ✓ Wasserfarben
- ✓ Einen Becher mit Wasser
- ✓ Pinsel
- ✓ Ein Lineal
- ✓ Eine Schere

### Bastelanleitung

Zerteile den Karton in Kärtchen, indem du mit dem Lineal die Umrisse von sechs Rechtecken aufzeichnest. Damit die Kärtchen für dein Kind nicht zum Handling-Problem werden, sollten sie mindestens 6 cm x 6 cm groß sein. Schneide die Karten aus und lege sie zunächst beiseite. Nimm den Wasserfarbenkasten zur Hand und stelle einen Becher mit Wasser sowie einen Pinsel bereit. Bepinsle nun je eine Karte mit diesen Farben:

- Rot
- Blau
- Gelb
- Grün
- Lila
- Orange

### Nutzung

Die Farbkärtchen können vielfältig genutzt werden. Zum einen dienen sie dem Einführen der Farbbezeichnungen. Du kannst dein Kind beispielsweise Fragen, welche Farbe eine der Karten hat oder welche

Karte die Farbe Rot hat. Außerdem eignen sich die Farbkarten gut, um die Grundfarben zu erklären und dann herauszufinden, welche Farbe sich aus der Mischung zweier Grundfarben ergibt. Dein Kind kann alle Karten vor sich haben und rätseln, was wohl passiert, wenn man Rot und Blau zusammennimmt. Greift es zur lilafarbenen Karte, hat es in diesem Fall eine Punktlandung gemacht.

## *Fühlsäckchen*

### Du brauchst

- ✓ Stoff (z.B. alte T-Shirts, Küchenhandtücher oder Lappen)
- ✓ Nadel und Faden oder eine Nähmaschine
- ✓ Ca. 1 m dünnes Band
- ✓ Tannennadeln
- ✓ Styroporkugeln
- ✓ Kleine Steinchen
- ✓ Getrocknete Erbsen
- ✓ Murmeln
- ✓ Zeitungspapier
- ✓ Einen Kartonbogen
- ✓ Eine Schere
- ✓ Einen Drucker und Papier

### Bastelanleitung

Nimm den Stoff zur Hand und schneide Rechtecke mit den Mindestmaßen 15 cm x 15 cm aus. Insgesamt musst du zwölf Rechtecke ausschneiden, um sechs Säckchen nähen zu können. Nähe die Säckchen aus je zwei Rechtecken an drei Seiten zusammen und lasse die vierte Seite zunächst offen, denn diese wird nun mit den Füllstoffen gefüllt. Ein Säckchen füllst du mit Tannennadeln, eins mit Styroporkugeln, ein weiters mit kleinen Steinen, eines mit getrockneten Erbsen, eins mit Murmeln und das letzte mit zusammengeknülltem Zeitungspapier. Sobald die Säckchen gefüllt sind, wird die vierte Seite mit einem Band verschlossen. Dann gilt es, die Kärtchen herzustellen, die den Säckchen zuzuordnen sind. Schneide sechs circa 7 cm x 7 cm große Karten aus dem Karton. Begib dich dann ins Internet, um Bilder vom Inhalt der Säckchen zu finden und drucke diese aus oder vertraue in deine

Zeichenkünste und zeichne Murmeln, Steine und Co. einfach selbst auf die Karten.

### Nutzung

Dein Kind erhält die sechs Säckchen und soll diese nun zunächst befühlen. Um sich ganz auf seinen Tastsinn konzentrieren zu können, kann es sinnvoll sein, die Augen zu schließen. Es versucht, zu erfühlen, was sich in den Säckchen verbirgt, und betrachtet dann die Kärtchen, um je ein Säckchen einer Karte zuordnen zu können. Die selbstständige Fehlerkontrolle erfolgt durch das Öffnen des Säckchens und das Überprüfen der Übereinstimmung von Inhalt und Kärtchen.

---

## *Indoor Barfußpfad*

### Du brauchst

- ✓ Ein 2 m x 30 cm Holzbrett
- ✓ Neun dünne 30 cm Holzlatten
- ✓ Zwei dünne 2 m Holzlatten
- ✓ Evtl. Schleifpapier
- ✓ Holzkleber
- ✓ Kies
- ✓ Sand
- ✓ Moos
- ✓ Rindenmulch
- ✓ Grobes Schleifpapier
- ✓ Fleece-Fetzen
- ✓ Kronkorken
- ✓ Korkschnipsel

### Bastelanleitung

Sofern das Holzbrett und die Latten nicht glatt geschliffen, sondern noch rau sind, sollten diese Materialien mit Schleifpapier geschliffen werden, damit später keine Verletzungsgefahr für das Kind besteht. Danach ist es an der Zeit, das „Grundgerüst“ für den Indoor Barfußpfad zu bauen. Hierfür werden die zwei langen Holzlatten an den langen Seiten des Holzbretts mit Holzleim befestigt. Anschließend wird die Umrandung des Bretts durch das Anbringen zweier kurzer Holzlatten ganz oben und ganz unten komplettiert. Dann ist es an der

Zeit, die Abschnitte des Barfußpfads voneinander zu trennen. Alle 25 cm wird eine der kurzen Holzlatten quer angebracht. So entsteht nach und nach ein Gerüst mit acht getrennten Abschnitten. Sobald der Holzleim getrocknet und alles stabil ist, können die Abschnitte mit dem Fühlmaterial befüllt werden, wobei jeder Abschnitt ein Material beherbergt. In welcher Reihenfolge die Materialien untergebracht werden, spielt keine große Rolle.

*Tipp: Der Barfußpfad ist speziell für die Nutzung im Haus gedacht, sodass er bei jedem Wetter verwendet werden kann. Da es immer wieder passiert, dass Material beim Durchlaufen herausfällt, ist es praktisch, eine Plastikplane unter dem Pfad auszulegen.*

### Nutzung

Die Übung mit dem Barfußpfad ist besonders lehrreich, wenn dem Kind dabei die Augen verbunden werden. So kann es sich ganz auf das konzentrieren, was es über die Fußsohlen spürt. Das Kind soll durch den Pfad gehen und dabei erfühlen, auf welchem Material es gerade steht. Ist der Reiz des Neuen verflogen, können die Füllmaterialien einfach ausgetauscht und zum Beispiel durch Kunststoffplane, Holzspäne, Glasplatte, Schleifpapier, Lehm, Kunstrasen, Mehl, Zucker, Laub oder Tannennadeln ersetzt werden.

## Material für die Übungen des täglichen Lebens

Auch einige Materialien aus dem Bereich der Übungen des täglichen Lebens können à la „Do-It-Yourself“ angefertigt werden:

---

***Schraubbrett***

### Du brauchst

- ✓ Ein 25 cm x 15 cm Holzbrett
- ✓ Schleifpapier in verschiedenen Körnungen
- ✓ Eine Bohrmaschine
- ✓ Fünf Schrauben
- ✓ Einen Schraubenzieher

### Bastelanleitung

Bearbeite das Holzbrett mit dem Schleifpapier bis es glatt ist und keine Verletzungsgefahr mehr für dein Kind besteht. Bohre dann in gleichmäßigen Abständen fünf Löcher in das Brett, deren Größe der Größe der Schrauben entsprechen sollte.

### Nutzung

Wie die Nutzung eines Schraubenbretts aussieht, zeigt dir Kapitel 8.

---

## *Verschließbare Rahmen*

### Du brauchst

- ✓ Vier ca. 30 cm lange, max. 3,5 cm hohe und breite Holzlatten
- ✓ Schleifpapier in grober und feiner Körnung
- ✓ Vier min. 3,5 cm lange Nägel
- ✓ 10 kleine Nägel
- ✓ Ca. 30 cm x 30 cm Stoff
- ✓ 8 Druckknöpfe / 8 Ösen + 2 Schnürsenkel / Klettverschluss / Reißverschluss
- ✓ Nadel und Faden

### Bastelanleitung

Nimm die Holzlatten und ein Schleifpapier mit grober Körnung zur Hand und schleife die groben Splitter ab. Arbeite dich dann zur feineren Körnung voran, um die Holzoberfläche möglichst glatt abzuschleifen. Lege die vier Latten zu einem Quadrat und nutze einen Hammer und die langen Nägel, um sie fix miteinander zu verbinden. Scheide den Stoff mittig in zwei Hälften. Nun musst du dich entscheiden: Welche Art von Verschluss soll dein Kind mit diesem Rahmen kennenlernen? Entsprechend bringst du Druckknöpfe, Ösen, einen Klettverschluss oder einen Reißverschluss so an, dass sich die beiden Stoffhälften damit verbinden lassen. Zum Schluss nagelst du die Stoffhälften mit den kleinen Nägeln auf den Rahmen. Sie sollten so befestigt werden, dass sie problemlos mittig zu verschließen sind.

*Tipp: Prüfe unbedingt, ob eventuell Nagelspitzen aus dem Holz herausragen, ist das der Fall, müssen diese so umgehämmert werden, dass sich dein Kind nicht daran verletzen kann.*

### Nutzung

Die Nutzung der verschließbaren Rahmen wird in Kapitel 8 erklärt.

---

## *Lernuhr*

### Du brauchst

- ✓ Drei dicke Stücke Pappkarton in drei verschiedenen Farben
- ✓ Einen Edding
- ✓ Eine Musterbeutelklammer
- ✓ Eine Schere
- ✓ Ein Lineal oder Geodreieck

### Bastelanleitung

Schneide einen Kreis mit einem Durchmesser von mindestens 20 cm aus und verwende die beiden andersfarbigen Kartonstücke, um einen kleinen und einen großen Zeiger daraus zu fertigen. Nutze das Lineal, um die fünfminütigen Markierungslinien einer gewöhnlichen Uhr anzuzeichnen, wobei du jeden 15-Minuten Abschnitt mit einer etwas längeren Linie kennzeichnest. Pikse ein kleines Loch in die Mitte des Kartonkreises und der Zeiger, sodass du diese mithilfe der Musterbeutelklammer auf dem Kreis befestigen kannst. Schreibe die Uhrzeiten von 1 bis 12 oder von 13 bis 24 an.

### Nutzung

Wie man die Lernuhr verwendet, verrät dir Kapitel 8.

# Sprachmaterial

Auch Sprachmaterial muss nicht zwangsläufig gekauft werden, sondern kann mit etwas Zeit und Geschick selbst gebastelt werden:

## *„Galgenmännchen“ Karten*

### Du brauchst

- ✓ Zehn ca. 12 cm x 20 cm Pappkarton Karten
- ✓ Einen Edding

### Bastelanleitung

Die „Galgenmännchen“ Karten sind schnell gemacht: Denke dir zehn Wörter aus, die dein Kind zumindest vom Hörensagen kennt. Schreibe die Worte in Druckbuchstaben auf die Karten und lasse dabei jeweils ein bis zwei Buchstaben aus. Auf die Rückseite der Karten schreibst du das ganze Wort inklusive der fehlenden Buchstaben, wobei du diese unterstreichst oder einkreist.

### Nutzung

Dein Kind sieht sich eine der Karten an und versucht herauszufinden, welcher Buchstabe fehlt. Zur Selbstkontrolle kann es die Karte ganz einfach umdrehen. Mit der Zeit kannst du immer wieder neue Karten hinzufügen. So passt sich der Kartenstapel dem Lernstand deines Kindes an.

## *Vorlesen und Mitlesen Hörspiel*

### Du brauchst

- ✓ Dein Smartphone
- ✓ Ein Buch, das dem Lernstand deines Kindes entspricht

## Bastelanleitung

Zugegeben: Wirklich gebastelt wird hier nicht. Nimm das Buch deiner Wahl zur Hand und sprich dessen Inhalt auf dein Smartphone, sodass du die Aufnahme jederzeit abspielen kannst. Sprich langsam, klar und deutlich und bemühe dich um eine schwungvolle, ausgeprägte Betonung. Lege zwischen zwei Sätzen jeweils eine kurze Pause ein.

## Nutzung

Dein Kind hört sich deine Aufnahme an, hat dabei das Buch vor sich und liest mit.

---

### *Bezeichnungskarten*

## Du brauchst

- ✓ Zehn ca. 12 cm x 20 cm Pappkarton Karten
- ✓ Einen Edding
- ✓ Buntstifte / eine Schere und einen Klebestift

## Bastelanleitung

Überlege dir zehn Wörter, die deinem Kind zumindest im Ansatz bekannt sind. Schreibe die Wörter in Großbuchstaben auf die eine Seite der Karten. Die andere Seite wird mit passenden Illustrationen bestückt. Sprich: Wenn das geschriebene Wort „Apfel" lautet, zeichnest du einen Apfel auf die andere Seite der Karte oder druckst ein Bild eines Apfels aus und klebst es auf.

## Nutzung

Die Karten können auf zweierlei Arten genutzt werden: Dein Kind kann sich die Illustration ansehen, die Bezeichnung dafür finden, das Wort laut aussprechen, auf einem separaten Blatt Papier aufschreiben und sich durch Umdrehen der Karte kontrollieren. Andersherum kann dein Kind das geschriebene Wort betrachten, aussprechen und auf einem separaten Blatt Papier eine passende Illustration anfertigen.

Auch hier steht es dir wieder frei, regelmäßig zum Lernstand deines Kindes passende Karten dazu zu nehmen.

### *Alphabetkasten*

**Du brauchst**

- ✓ Einen Sortierkasten mit 26 Fächern
- ✓ Moosgummi in zwei verschiedenen Farben
- ✓ Einen Bleistift
- ✓ Eine Schere

**Bastelanleitung**

Zeichne die Großbuchstaben von A bis Z auf das Moosgummi, wobei du zwei unterschiedliche Farben Moosgummi für Konsonanten und Vokale wählst. Schneide die Buchstaben aus und sortiere sie in den Kasten. Insgesamt sollte jeder Buchstabe mindestens dreimal vorhanden sein.

**Nutzung**

Der Alphabetkasten kann zum Beispiel in Verbindung mit den „Galgenmännchen" Karten verwendet werden. Dann legt dein Kind das gesuchte Wort zusätzlich mit den Buchstaben aus Moosgummi nach. Alternativ kann es frei Worte legen und nebenbei das Lesen üben. Später kann der Kasten durch Kleinbuchstaben ergänzt werden.

## Mathematisches Material

Mit diesen Bastelanleitungen kannst du selbst mathematisches Montessori Material anfertigen:

### *Perlenketten*

**Du brauchst**

- ✓ Eine reißfeste Schnur
- ✓ Eine Schere
- ✓ 55 große Perlen

### Bastelanleitung

Fädle eine Perle auf und mache einen Knoten in die Schnur, der groß genug ist, um die Perle am Durchrutschen zu hindern. Mache einen zweiten Knoten und schneide die Schnur kurz darüber ab – voilà, die 1er Perlenkette ist fertig. Wiederhole den Vorgang mit zwei, drei, vier, fünf, sechs, sieben, acht, neun und zehn Perlen, sodass du schließlich zehn Perlenketten vorliegen hast, die die Zahlen von eins bis zehn repräsentieren.

### Nutzung

Dein Kind kann die Perlen zählen, die Ketten in der richtigen Reihenfolge auf oder absteigend nebeneinander anordnen oder überlegen, welche beiden Ketten es zusammennehmen muss, um auf eine bestimmte Zahl zu kommen.

---

## *Ziffern und Chips*

### Du brauchst

- ✓ Zehn 7 cm x 7 cm Pappkarton Karten
- ✓ Moosgummi
- ✓ Eine Schere
- ✓ Einen Edding
- ✓ Einen Zirkel / einen Flaschendeckel und einen Bleistift

### Bastelanleitung

Verwende den Zirkel oder einen Flaschendeckel und einen Bleistift, um 55 gleichgroße Kreise auf dem Moosgummi vorzuzeichnen, die du anschließend ausschneidest. Schreibe die Zahlen von eins bis zehn auf die zehn Karten und orientiere dich dabei eher rechts, damit links Platz zum Aufstapeln der Chips bleibt.

### Nutzung

Dein Kind kann die Karten in der richtigen Zahlenreihenfolge auf- oder absteigend anordnen und wahlweise mit Chips bestücken, wobei

bei „2“ zwei Chips, bei „5“ fünf Chips und bei „10“ zehn Chips abzulegen sind.

---

## *Bruchkreise*

### Du brauchst

- ✓ Pappkarton in zwei verschiedenen Farben
- ✓ Einen Zirkel / ein Wasserglas
- ✓ Einen Bleistift
- ✓ Eine Schere
- ✓ Ein Lineal

### Bastelanleitung

Schneide ein 50 cm x 10 cm Stück Pappkarton aus und zeichne fünf Kreise mit 9 cm Durchmesser und etwa gleichem Abstand zueinander darauf, die du mit Edding nachfährst. Schneide nun fünf gleich große Kreise aus dem andersfarbigen Karton aus, die im Durchmesser den aufgezeichneten Kreisen entsprechen. Teile die Kreise folgendermaßen:

- 1 x halbieren
- 1 x halbieren und dann eine Hälfte vierteln
- 1 x vierteln
- 1 x ein Viertel ausschneiden, sodass ein dreiviertel Kreis bestehen bleibt
- 1 x ganz lassen

*Tipp: Je nach Lernfortschritt deines Kindes, kannst du später Sechstel und Achtel hinzufügen.*

### Nutzung

Die Aufgabe deines Kindes ist es, die vorgezeichneten Kreise mit den ausgeschnittenen Kreisteilen so zu füllen, dass im Endeffekt fünf ganze Kreise entstehen. Durch Aufforderungen, wie „Nimm ein Viertel weg“, „Lege einen halben Kreis aus zwei Vierteln“ oder „Zeige mir den ganzen Kreis“, kann das Verständnis der Bruchteile und ihrer Relation zum Ganzen zusätzlich gefördert werden.

## *Geobrett mit Aufgabenkarten*

### Du brauchst

- ✓ Ein 20 cm x 20 cm Holzbrett
- ✓ 16 Nägel
- ✓ Einen Hammer
- ✓ Einen Bleistift
- ✓ Ein stabiles, großes Gummiband
- ✓ Zehn 10 cm x 10 cm Pappkarton Karten
- ✓ Zwei Filzstifte in verschiedenen Farben
- ✓ Ein Lineal

### Bastelanleitung

Das Brett soll in gleichmäßigen Abständen von 5 cm mit den Nägeln bestückt werden. Es gilt also, insgesamt vier Reihen anzubringen. Am besten zeichnest du die Lage der Nägel mit dem Bleistift vor, bevor du die Nägel mit dem Hammer so anbringst, dass sie noch ein gutes Stück aus dem Brett herausragen. Nun zeichnest du die Nägel als Punkte auf die Karten und verwendest eine andere Farbe, um jeweils eine geometrische Form, beispielsweise ein Dreieck oder ein Quadrat, einzuzeichnen.

### Nutzung

Wie das Geobrett genutzt wird, wird in Kapitel 8 erklärt.

# Kosmisches Material

Zum Abschluss dieses Kapitels sehen wir uns einige „Do-It-Yourself" Ideen für kosmisches Material an:

---

## *Jahreskette*

### Du brauchst

- ✓ Eine lange, reißfeste Schnur
- ✓ 12 große Perlen
- ✓ 36 mittelgroße Perlen
- ✓ 317 kleine Perlen

### Bastelanleitung

Die großen Perlen stehen für die Monate, die mittelgroßen für die Wochen und die kleinen für die Tage des Jahres. Sprich: Jede siebte Perle ist mittelgroß und jede 28. groß. Wenn du alle Perlen entsprechend aufgefädelt hast, bildet die Perlenkette ein komplettes Jahr ab.

*Tipp: Auf die gleiche Weise kannst du eine Stundenkette (siehe Kapitel 8) anfertigen. Dann benötigst du ebenfalls drei verschiedengroße Perlenarten, die für die Minuten, die 5-Minuten Abschnitte und die Viertelstunden oder aber für die Sekunden, die Minuten und die 5-Minuten Abschnitte stehen.*

### Nutzung

Dein Kind kann die Perlen zählen, um ein Verständnis für die Zeiteinheiten, -rhythmen und -abstände innerhalb eines Jahres zu entwickeln.

---

## *Album der Federn und Vögel*

### Du brauchst

- ✓ Ein leeres Notizbuch
- ✓ Einen Edding
- ✓ Einen Drucker und Druckpapier
- ✓ Einen Klebestift

### Bastelanleitung

Drucke Bilder von heimischen Vögeln aus und klebe sie in das Album. Auf die gegenüberliegende Seite schreibst du den Namen des Vogels in Druckbuchstaben. Darunter ist Platz für eine Feder dieser Vogelart.

### Nutzung

Das Album der Federn und Vögel ist eine fortlaufende Beschäftigung. Macht euch auf die Suche nach Vogelfedern, die ihr in das Album kleben könnt, um möglichst viele Seiten zu vervollständigen. Dein Kind kann das Album jederzeit durchblättern und wird so vertraut mit verschiedenen Vogelarten, deren Namen und deren Federkleid.

---

## *Band der Erdgeschichte*

### Du brauchst

- ✓ Ein 4,57 m langes, schwarzes Stoffband
- ✓ Ein 3 mm langes rotes Stoffband in derselben Höhe
- ✓ Nadel und Faden

### Bastelanleitung

Nähe das kurze, rote Stück Stoff mit Nadel und Faden an das lange, schwarze Stoffband an.

### Nutzung

Wie das Band der Erdgeschichte verwendet werden kann, weißt du bereits aus Kapitel 8.

---

## *Wochenkreis mit zweisprachigen Tageskarten*

### Du brauchst

- ✓ Fleece in sieben verschiedenen Farben
- ✓ Sieben 10 cm x 5 cm Pappkarton Karten

- ✓ Karton für die Schablone
- ✓ Einen Bleistift
- ✓ Ein Lineal
- ✓ Nadel und Faden
- ✓ Einen Edding
- ✓ Eine Schere

## Bastelanleitung

Zeichne einen großen Kreis auf den Karton, teile diesen mit dem Lineal in sieben gleich große Stücke und schneide eines davon aus – fertig ist deine Schablone für die Wochentage. Mithilfe der Schablone schneidest du sieben Fleecestücke in unterschiedlichen Farben aus, die du dann mit Nadel und Faden zu einem Kreis zusammennähst. Schreibe die Namen der einzelnen Wochentage auf die Karten und nutze die Rückseite für die jeweils entsprechende englische Bezeichnung.

*Tipp: Nach diesem Prinzip kannst du auch einen Jahreskreis bestehend aus zwölf verschiedenfarbigen Monatsteilen und zwölf zugehörigen Karten anfertigen.*

## Nutzung

Die Wochenkreis-Nutzung wird in Kapitel 8 erläutert.

# Kapitel 13: Montessori Einrichtungen

Das Buch neigt sich langsam, aber sicher dem Ende zu und wir befassen uns in diesem vorletzten Kapitel genauer mit den Montessori Einrichtungen, deren Aufbau, den erzielbaren Schulabschlüssen und den anfallenden Kosten.

## Montessori Einrichtungen in Deutschland

In Deutschland gibt es über 1.000 Einrichtungen, die ihre Arbeit nach den Prinzipien der Montessori-Bildungspädagogik ausrichten. Dazu gehören Schulen sowie Kindertagesstätten, Kindergärten und Kinderhäuser. Eine Liste aller Montessori Einrichtungen bereitzustellen, würde den Rahmen dieses Buches sprengen. Vor allem auch, weil man sich stattdessen ganz einfach das Verzeichnis des Montessori Dachverbands Deutschland ansehen kann. Dieses findet man auf der Website des Verbands, und zwar unter *www.montessori-deutschland.de/einrichtungsverzeichnis/*. Dort kann man gezielt nach einer bestimmten Art von Einrichtung in einem festgelegten Umkreis suchen und gewinnt so schnell und ohne viel Aufwand einen Überblick über die Optionen in der näheren Umgebung. Das Verzeichnis beinhaltet zudem Direktlinks zu den jeweiligen Einrichtungen, sodass man sich einzelne Angebote ohne Umwege genauer ansehen kann.

### Aufbau der Gruppen, Klassen und Co.

Wie muss man sich den strukturellen Aufbau von Gruppen und Klassen in Montessori Einrichtungen vorstellen? Typischerweise setzen sich die Gruppierungen aus Kindern unterschiedlicher Altersstufen zusammen. Die „Großen“ lernen in den altersgemischten Gruppen, Rücksicht zu nehmen und Hilfsbereitschaft zu zeigen, während die „Kleinen“ dazu ermutigt werden, um Hilfe zu bitten und sich an ihren älteren Mitmenschen zu orientieren. Wie groß die Gruppen ausfallen, hängt ganz von der einzelnen Institution ab, wobei der Durchschnitt bei etwa 15 bis 22 Kindern – und damit unter dem Durchschnitt an Regelschulen – liegt.

## Abschlüsse an Montessori-Schulen

Vielen Menschen ist nicht klar, dass man an Montessori-Schulen tatsächlich einen Abschluss erwerben kann – dabei ist das eigentlich nur logisch. Schließlich erhalten die Montessori Schüler eine hochwertige schulische Ausbildung. In der Theorie sind sämtliche Schulabschlüsse bis hin zum Abitur erzielbar. Die Praxis gestaltet dies jedoch etwas schwierig, denn es gibt nur wenige Montessori-Gymnasien. Teilweise ist es außerdem nötig, den Abschluss extern, also an einer staatlichen Regelschule, zu absolvieren. Die Vielzahl an ehemaligen Montessori Schülern, die ihr Abitur heute längst in der Tasche haben, zeigt jedoch, dass dies keinesfalls unmöglich ist.

## Preise: Was kostet es, ein Kind in einer Montessori Einrichtung unterzubringen?

Bei Montessori Einrichtungen – egal ob Kindergarten, Kita oder Schule – handelt es sich in aller Regel um Privatschulen, für deren Besuch gewisse Kosten anfallen. Auch hier ist wieder mit teils starken Schwankungen von Einrichtung zu Einrichtung zu rechnen. Das Schulgeld beträgt im groben Schnitt zwischen 80€ und 500€, sodass die Bildung der Kinder ganz schön ins Geld gehen kann. Möchte man beispielsweise gleich zwei Kinder in Montessori-Schulen unterbringen, sollte man entsprechend mit monatlichen Ausgaben von bis zu 1.000€ rechnen – eine Summe, die regelmäßig auszugeben sich gewiss nicht jeder leisten kann. Wenn es dir auch so geht, solltest du die Angelegenheit aber keinesfalls direkt aufgeben! Schließlich gibt es durchaus vergleichsweise günstige Montessori Einrichtungen und auch ein Stipendium ist nicht ausgeschlossen. Stipendien werden im Normalfall an besonders begabte Kids oder an Kinder aus nachweislich einkommensschwachen Familien vergeben. Ob die Möglichkeit eines Stipendiums besteht, ist direkt bei der jeweiligen Schule zu erfragen.

## Das Wichtigste in Kürze

- ✓ In Deutschland gibt es über 1.000 Montessori-Schulen und Kindertagesstätten.
- ✓ Das Verzeichnis des Montessori Dachverbands Deutschland, das unter *www.montessori-deutschland.de/einrichtungsverzeichnis/* zu finden ist, verrät dir, welche Einrichtungen in deiner Nähe zu finden sind.
- ✓ In Montessori Einrichtungen sind altersgemischte Gruppen in einer Größe von durchschnittlich 15 bis 22 Kindern der Standard.
- ✓ Sämtliche anerkannten Schulabschlüsse können theoretisch auch an einer Montessori-Schule gemacht werden.
- ✓ Da Montessori Einrichtungen meist in privater Hand sind, fallen in aller Regel monatliche Kosten an, deren Höhe sich von Einrichtung zu Einrichtung unterscheidet.

# Kapitel 14: Fragen und Antworten

Du hast aufmerksam bis hierher gelesen und dir liegt eine bestimmte Frage auf der Zunge? Dann findest du in diesem letzten Kapitel womöglich eine Antwort darauf. Denn diese Fragen stellen sich Eltern und Pädagogen, die sich für Montessori interessieren, besonders häufig:

## Eignet sich eine Montessori-Schule für jedes Kind?

Grundsätzlich ist die Montessoripädagogik äußerst inklusiv ausgerichtet, sodass Montessori Einrichtungen den „richtigen" Weg für ganz unterschiedliche Kinder darstellen können. Eine Garantie darauf, dass die Montessori-Schule im Einzelfall die beste Wahl ist, gibt es jedoch nicht. Wenn du dir unsicher bist und daran zweifelst, ob dein Kind auf einer Montessori-Schule gut aufgehoben ist, solltest du dich unbedingt beraten lassen. Zu diesem Zweck kannst du Kontakt zu den Schulen, die infrage kommen, aufnehmen. Letztendlich liegt die Entscheidung aber bei dir und das ist auch richtig so, denn niemand kennt dein Kind so gut wie du.

## Wie schwer fällt die Umstellung von einer Regelschule auf eine Montessori-Schule und umgekehrt?

Beobachtungen und Erfahrungswerten zufolge resultiert die verblüffende Anpassungsfähigkeit von Kindern in einer recht problemlosen Umstellung. Dennoch sollte immer hinterfragt werden: Warum soll mein Kind das Schulsystem wechseln? Was erhoffe ich mir davon? Inwiefern kann mein Kind von einem Wechsel profitieren? Und wie kann ich mein Kind bestmöglich darauf vorbereiten? Generell ist nicht dazu zu raten, Kinder leichtfertig von einer Schule auf eine andere (mit einer abweichenden pädagogischen Ausrichtung) wechseln zu lassen. Doch es gibt natürlich Umstände und Gründe, die einen Wechsel als sinnvolle Option rechtfertigen. Da jedes Kind ein Individuum ist, ist unmöglich vorherzusagen, wie der Schulwechsel im Einzelnen ablaufen wird. Auch in diesem Fall sind Beratungsgespräche zu empfehlen, die nicht nur eine fundierte Entscheidung ermöglichen, sondern auch Tipps zur optimalen Begleitung und Unterstützung des Kindes in der Umstellung liefern.

### Sind Montessori und Waldorf-Schulen dasselbe?

Die kurze Antwort: Nein. Waldorf-Schulen lehren nach Rudolf Steiner, Montessori-Schulen nach Maria Montessori. Die beiden pädagogischen Leitfäden haben Gemeinsamkeiten, aber auch Unterschiede und sind daher nicht in den gleichen Topf zu werfen.

### Wo kann man Montessori Material kaufen?

Wenn du dein Kind mit Montessori Materialien vertraut machen möchtest, lohnt sich für dich zunächst ein Blick in die Kapitel 8, 11 und 12 dieses Buches. Es ist tatsächlich eher schwierig, Montessori Material in lokalen Geschäften zu finden. Deshalb bietet sich der Onlinekauf an. Eine kurze Suche via Google und Co. liefert dir zahlreiche Shops, bei denen eine gute Auswahl an Montessori Material zu finden ist.

### Gibt es Kurse oder Workshops zur Montessoripädagogik?

Die gibt es. Es existieren zahlreiche Möglichkeiten der Weiterbildung in Bezug auf die Montessoripädagogik – auch für Menschen ohne pädagogischen Hintergrund. Einige dieser Angebote bestehen in Form von Online-Seminaren, andere sind Präsenzworkshops. Erkundige dich am besten im Internet über Kurse in deiner Nähe und vergleiche die Angebote hinsichtlich der Inhalte und der Preise, um eine Weiterbildungsoption zu finden, die wirklich gut zu dir, deinen Vorstellungen und deinen Zielen passt.

# Schlusswort

Beginne direkt damit, die Montessori Methode in deinen Alltag und den Alltag deines Kindes zu integrieren. Selbst, wenn du die Methode nicht vollständig für deine Erziehung nutzen möchtest, kannst du sicherlich einige Aspekte für dich nutzen. Letztendlich wird dein Kind nur einmal groß und dabei solltest du es bestmöglich unterstützen.

Wenn dir dieses Buch gefallen und geholfen hat, dann würde ich mich sehr über dein Feedback freuen. So kannst du anderen Menschen ebenfalls dabei helfen, dass sie die Montessori Methode für sich entdecken.

Gehe dazu auf

**www.amazon.de/ryp**

und hinterlasse eine Rezension – du kannst das in 2 Minuten erledigen und hilfst mir und anderen zukünftigen Eltern, die die Montessori Methode für ihre Erziehung nutzen wollen, dadurch enorm weiter.

***Viel Spaß und viel Erfolg***

Paula Weinbach

# Weitere Werke von KR Publishing

**Best of ALLGEMEIN-WISSEN**

*- Frederik Holm -*

**In diesem Buch erfährst du:**

- ✓ Warum Allgemeinwissen so wichtig ist.
- ✓ Wie du Allgemeinwissen am besten und leichtesten lernen und behalten kannst.
- ✓ Umfassendes Allgemeinwissen zu 16 verschiedenen Themen.

**Und noch Vieles mehr!**

**EINSERKANDIDAT**

*Stressfrei zur Bestnote*

*- Frederik Holm -*

**In diesem Buch erfährst du:**

- ✓ Wie du mit genialen Lerntechniken endlich das Lernen lernst.
- ✓ Wie du stressfrei Bestnoten schreiben kannst.
- ✓ Wie du vom Aufschieber zum Lernprofi wirst.

**Und noch Vieles mehr!**

**STOIZISMUS**

*- Johannes Lichtenberg -*

**In diesem Buch erfährst du:**

- ✓ Wie du zum Fels in der Brandung wirst und jede Situation meisterst.
- ✓ Wie du die unerschütterliche Gelassenheit eines Mönchs erlangst.
- ✓ Wie du resistent gegen Stress wirst und dich nie wieder aufregst.

**Und noch Vieles mehr!**

*Konfliktfrei durch*
**Gewaltfreie Kommunikation**

***- Johannes Lichtenberg -***

**In diesem Buch erfährst du:**

- ✓ Wie du Konflikte gewaltfrei löst.
- ✓ Wie du eine Beziehungen langfristig verbessern kannst.
- ✓ Wie du deine Gesprächspartner unbemerkt analysieren kannst.

**Und noch Vieles mehr!**

**ESSENTIALISMUS**

***- Johannes Lichtenberg -***

**In diesem Buch erfährst du:**

- ✓ Wie du täglich Zeit dazu gewinnst, wenn du dein Leben auf das Essentielle reduzierst.
- ✓ Wie du mental aufgeräumter wirst und so zu mehr Klarheit gelangst.
- ✓ Wie du durch Weniger im Leben, stressfreier und besser lebst.

**Und noch Vieles mehr!**

*Die Klartraum Methode*

***- Paula Weinbach -***

**In diesem Buch erfährst du:**

- ✓ Wie du jeden Tag zusätzlich einige Stunden an wertvoller Zeit gewinnst.
- ✓ Wie du dein Unterbewusstsein erforschen und programmieren kannst.
- ✓ Wie du komplexe Probleme im Schlaf löst und kreativer wirst.

**Und noch Vieles mehr!**

*Hochsensible Kinder*

***- Paula Weinbach -***

**In diesem Buch erfährst du:**

- ✓ Wie du dein hochsensibles Kind bestmöglich unterstützen kannst.
- ✓ Wie du deinem Kind das Leben erheblich erleichtern kannst.
- ✓ Welche Methoden euch auf eurem Weg am besten weiterhelfen.

**Und noch Vieles mehr!**

***AUSGEGRÜBELT!***
*Grübeln stoppen in der Praxis*

***- Paula Weinbach -***

**In diesem Buch erfährst du:**

- ✓ Wie du negative Gedanken endlich stoppen kannst.
- ✓ Wie du innere Blockaden beseitigen kannst und zur Ruhe kommst.
- ✓ Wie du dir nicht mehr über jede Kleinigkeit den Kopf zerbrichst.

**Und noch Vieles mehr!**

**Intervallfasten**
*für Frauen*

***- Pauline Höppner -***

**In diesem Buch erfährst du:**

- ✓ Wie du ohne Sport effektiv und langfristig abnehmen kannst.
- ✓ Wie du nur mit einer Stoppuhr dir die Kilos schmelzen lässt.
- ✓ Wie du ohne Verzicht auf Süßes deine Wunschfigur erreichen kannst

**Und noch Vieles mehr!**

# Lust auf mehr? Unser Geschenk an dich!

Vielen Dank für den Kauf von diesem Buch und deinem damit verbundenen Vertrauen in uns als Herausgeber und in Paula Weinbach als Autorin dieses großartigen Buchs. Das bedeutet uns wirklich viel, weshalb wir dir den Ratgeber „Habit Hacks - 10 unscheinbare Schlüssel Gewohnheiten, die dein Leben verändern", als Download schenken - vollkommen gratis! Zudem möchten wir dir die Möglichkeit eines direkten Austauschs mit der Autorin anbieten. So kannst du z.B. deine Fragen, dein Feedback oder deine Anregungen Paula zukommen lassen - eine tolle Möglichkeit für die Kommunikation zwischen Leser und Autorin!

**Diese kleinen und unscheinbaren Schlüssel Gewohnheiten verändern dein Leben - erfahre:**

- ✓ wie eine kleine Veränderung beim Duschen deine Disziplin stärkt und dir einen Energiekick verschafft...
- ✓ wie eine Prise Salz dir einen Kickstart am Morgen verschaffen kann...
- ✓ wie eine kleine Einstellung an deinem Smartphone & Computer deinen Schlaf verbessert...
- ✓ noch weitere geniale und unscheinbare Habit Hacks!

Wenn du bereit bist, dein Leben mit einigen simplen Habit Hacks auf das nächste Level zu bringen, dann gehe jetzt auf

www.KRPublishing.de/mon

und sichere dir dein kostenloses Exemplar als digitalen Download.

# Impressum

***Herausgeber:***

KR Publishing UG (haftungsbeschränkt)
Mundsburger Damm 26
22087 Hamburg
Deutschland

Printed in Germany
by Amazon Distribution
GmbH, Leipzig

22517056R00075